LA BENDICIÓN INALMACENABLE

Quita todo lo que limita la habilidad de Dios de depositar recursos ilimitados a través de tu vida.

David Wright

[9]*El Señor recorre con su mirada toda la tierra y está listo para ayudar a quienes le son fieles.*

2 Crónicas 16:9a NVI (énfasis del autor)

AGRADECIMIENTOS ESPECIALES A:

Mi esposa y mi familia, que me han animado durante años para que comience a compartir a través de la escritura de libros.

El pastor Matt Keller, quien brindó información y ayuda práctica durante el proceso de escritura.

Shay Jewett por horas *(y horas)* dedicadas a la investigación, corrección y edición de este contenido para formar este libro.

Dr. Jay Egbo por sugerir el título para el libro después de escuchar uno de mis sermones de que provino el contenido de este libro.

TABLA DE CONTENIDOS

PRÓLOGO

Todo comenzó con $1.42 dólares.

Nunca olvidaré el sentimiento. Tenía 15 años y trabajaba en una heladería justo al lado de la plaza del palacio de justicia de la pequeña ciudad en la que crecí en Indiana. Había dicho sí a una relación con Jesús en la primavera de ese año y unos meses despues, escuché a mi pastor predicar un mensaje sobre el diezmo por primera vez.

Esa semana, después de trabajar unas horas en la heladería, recibí mi cheque de pago por un gran total de $14.20 antes de impuestos! Cuando llegué a casa, recuerdo que me acerqué al escritorio de mi infancia, abrí el cajón del medio y saqué la chequera que había recibido cuando mis padres me abrieron una "cuenta bancaria para adultos" a principios de ese año.

Recuerdo que escribí la cantidad: $1.42. Un dólar y 42/100.

El diezmo.

10% de mi incremento.

Todavía recuerdo el sonido de la perforación cuando lo arranqué. Y luego, un día después, recuerdo haber llenado el sobre de la ofrenda por primera vez (¡con el sabor del pegamento en la lengua por lamer el sobre!). Cuando llegó la bolsa morada de la ofrenda, saqué el sobre de mi Biblia y lo puse dentro. ¡Y en ese momento, mi vida cambió para siempre debido a ese primer paso de fe con respecto a mis finanzas! (Aunque nunca podría haberme dado cuenta en ese entonces).

Hoy, más de 30 años después, mi esposa Sarah y yo hemos sido bendecidos para donar miles de dólares para causas del reinado y para administrar millones de dólares para Su reino a través de la iglesia local y los ministerios que dirigimos. ¡Y el resultado ha sido, y sigue siendo, el impacto que podemos tener en la eternidad de las personas!

Las personas son la máxima recompensa. Pensar que Dios nos permite ser parte de lo que Él está haciendo en la tierra hoy en día, administrando las finanzas para Su gloria, es verdaderamente la mejor experiencia de nuestras vidas. Y el deseo de nuestro corazón es que cada creyente conozca esa realidad también. Por eso es tan importante este libro. Y David Wright es la persona adecuada para transmitir este mensaje.

¡Fue un buen día la primera vez que conocí a David y Chereé Wright! Sabes como hay algunas personas que al conocerlas simplemente sabes: *"¡Estas personas son especiales!"* Bueno, así es como me sentí cuando los conocí. Chereé ilumina todas las habitaciones en las que está y David, bueno, ¡David es francamente brillante! ¡En todos los años que llevo conociendo a David, nunca ha habido un momento en el que lo haya escuchado enseñar que no me haya ido más asombrado de Dios y con una mayor profundidad y comprensión de lo que dice la Palabra de Dios y cómo tiene el poder de cambiar mi vida!

¡Así es como me siento con respecto a este libro también! David tiene un don poderoso para desentrañar y descubrir la verdad de las Escrituras y aplicarla a nuestras vidas de tal manera que no solo tiene sentido lógico, ¡pero también es revelador! Eso es lo que creo que te va a pasar mientras lees este libro. Hay pocas cosas en la vida tan cercanas y queridas a nuestro corazón como el dinero y es por eso que la Palabra de Dios tiene tanto que decir sobre cómo lo gestionamos, y lo administramos. A cada uno de nosotros se nos ha confiado una gran responsabilidad; la administración de los recursos del cielo.

Lo que hacemos con lo que se nos ha dado determina el curso de nuestras vidas. Es por eso que este libro es tan importante. Espero que no se limiten a solo leer este libro, sino que tomen su tiempo con las preguntas al final de cada capítulo, tengan conversaciones al respecto con sus seres queridos y amigos y, sobre todo, actúen de acuerdo con lo que se les ha confiado administrar para el Señor. Luego observa cómo Dios aparece en tu vida.

Hay una manera de experimentar las bendiciones inalmacenables de Dios en tu vida. ¡Este libro te enseñara cómo!

Pastor Matt Keller

Fundador y Pastor principal de Next Level Church in Fort Myers, FL

Fundador de la red de iglesias de Next Level Relational Network

INTRODUCCIÓN

Era enero de 2006 y estábamos en la tormenta perfecta. Mi esposa, Chereé, nuestra hija Lacie de 14 años y yo nos enfrentábamos a la convergencia de varios acontecimientos importantes de nuestra vida, cada uno de los cuales habría sido extremadamente difícil por sí solo.

Durante las ocho semanas anteriores, el padre de Chereé, el pastor Phil Howe, se fue a casa para estar con Jesús a los 59 años de edad, después de una lucha de cinco años contra un trastorno neurológico llamado enfermedad de cuerpos de Lewy. Además de eso, acabábamos de terminar una asignación ministerial en el área de Phoenix y esperábamos regresar a Dallas para reanudar el trabajo en la iglesia a la que servíamos anteriormente. Las transiciones laborales traen consigo sus propios elementos de incertidumbre y todo tipo de presión. Necesitábamos dirección, paz y provisión de Dios. *Y Él siempre es fiel.*

Una llamada telefónica al Dr. Lawrence Kennedy, el pastor de la iglesia en Dallas donde habíamos servido en el personal, nos trajo dirección en la forma de una impresión de Dios durante un tiempo de oración por nosotros. En resumen, dijo: "La asignación de Dios para ti a la congregación a la que estabas sirviendo está completa. Sin embargo, Su propósito para todos ustedes en esa región no lo es. Saca un mapa del Valle de Phoenix y pregúntale a Dios dónde quiere que plantes una iglesia".

¡Nos quedamos sorprendidos! Nunca imaginamos, y definitivamente nunca deseamos, plantar una iglesia. Era lo último en lo que pensábamos.

Allí estábamos, enfrentándonos a tres acontecimientos en nuestra vida verdaderamente difíciles: el fallecimiento del padre de Chereé, una transición de empleo y una asignación ministerial imprevista. Parecía abrumador. Sin embargo, escuchamos claramente la dirección de Dios y sentimos Su paz. Ahora todo se trataba de la provisión de Dios. *Y Él siempre es fiel.*

El pastor de la congregación a la que habíamos servido en un papel ministerial interino, muy amable y generosamente nos dio un cheque de bendición de 90 días para ayudar a nuestra familia en la transición entre asignaciones. Mientras dábamos gracias a Dios por esta provisión, Chereé dijo: "Ahí está". —¿Ahí qué? Le respondí. "Los $5,000 que le dijimos a Dios que sembraríamos en el programa de construcción de la iglesia si Él nos los traía".

Mi mente regresó al abril anterior y la repetición rodó. Efectivamente, le habíamos hecho una promesa a Dios de que si Él nos proveía una manera de hacerlo, sembraríamos $5,000 en el programa de construcción de esa iglesia. Estaba claro para nosotros que Dios había provisto, así que emitimos un cheque por esa cantidad y lo devolvimos al fondo de construcción de esa iglesia, tal como nos habíamos comprometido a hacer.

Admito que, en ese momento, *fue una lucha genuina* dejar ir lo que equivalía a una gran parte de lo que se suponía que sostendría a nuestra familia durante 90 días. Pero lo que no podía ver en ese momento era lo que Dios estaba haciendo detrás de la escena. *No tenía idea de lo que el seguimiento de esa ofrenda le permitiría hacer a Él a través de nuestras vidas a partir de ese momento.*

No solamente sobrevivimos los siguientes 90 días con frijoles y arroz. De hecho, todo lo contrario. En 90 días realmente cortos, Dios nos guió a través de una reunión de lanzamiento de vision donde asistieron 30 adultos y 20 niños. Desde esa pequeña fiesta de lanzamiento de la visión el domingo del Super Bowl de 2006, hasta nuestro servicio público de lanzamiento en la Pascua unas semanas después, Dios proveyó más de $80,000 para comprar todo lo que necesitábamos para lanzar la Iglesia Life Link, *y solo de personas que estaban en el equipo de lanzamiento. Nunca recibimos ni $1 de financiamiento externo*.

Nos quedamos impresionados con 254 personas adorando juntas en ese domingo de lanzamiento en la mañana de Pascua. El primer día, la gente dijo sí a seguir a Jesús (como lo han hecho casi todos los domingos desde entonces). Para que conste, la "salvación eterna que cambia la vida" es el verdadero tesoro que atesoramos en esta vida. *Sin embargo, el enfoque de este libro es cómo Dios usa el "efecto tesoro" – y la lucha que libramos en el proceso – para transformarnos "a Su semejanza" (ver Romanos 8:28-29).*

El efecto financiero de seguir adelante con la ofrenda de $5,000 ha sido asombrosa. En los pocos meses despues de esa ofrenda, Dios proveyó todo lo que necesitábamos para lanzar Life Link Church. Además de eso, al final de los "90 días", la nueva iglesia era lo suficientemente fuerte financieramente como para cubrir todas las operaciones ministeriales en curso, que cubrían el alquiler de un centro de adoración y la contratación de personal, incluyéndonos a nosotros.

De hecho, en ese primer año (2006), el pueblo de Dios trajo más de $400,000 a Su reino a través de la Iglesia Life Link (la iglesia que plantamos). A lo largo de los siguientes años *hemos tenido el increíble privilegio de administrar literalmente millones de dólares* para ver a miles de personas conmovidas y preparadas para ver a Jesús en la eternidad.

Me estremezco al pensar en lo que habría pasado si Chereé y yo hubiéramos optado por "aferrarnos a esa ofrenda de $5,000 dólares" en lugar de sembrarla. Dios lo proveyó, lo sembramos (hay que admitir que a través de un no pequeño sentido de lucha) y *Él convirtió esos $5,000 en millones de dólares que han fluido a través de nuestras manos e influencia* como Pastores Principales de la Iglesia Life Link.

Nosotros no somos "especiales". Solo seguimos el camino delineado en este libro. Al hacerlo, le dio a Dios (Quien constantemente está buscando personas con quien trabajar de esta manera) lo que Él estaba buscando *para derramar Su "Bendición Inalmacenable" para* los propósitos de Su Reino.

Este camino funciona igual de bien si una persona está trabajando en un llamado sagrado como el ministerio o en una asignación secular. A lo largo del libro hay historias de personas que Dios ha asignado a campos seculares de empleo que han experimentado lo mismo que nosotros. De hecho, la historia final del capítulo 10 trata sobre la extraordinaria experiencia de un hombre de negocios en la industria del movimiento de tierras. No hay nada más secular que la fabricación de equipos de movimiento de tierras.

Dios usa nuestras luchas por el dinero de una manera profunda. Lo mejor para nosotros es seguirlo a través de la lucha. Es lo que alinea nuestros corazones y vidas con Él y Su Reino de una manera que ninguna otra cosa en esta vida lo hará.

Hablemos de esa lucha...

CAPÍTULO 1

NO ES LO QUE PIENSAS

¿Por qué el dinero es una lucha para tanta gente? Honestamente, cuando luchamos con el dinero, a menudo pensamos que en realidad es el dinero con el que estamos luchando. Francamente, el dinero es solo una mezcla única de tela con tinta exclusiva y características de seguridad entretejidas en ella. Cuando profundizamos un poco en el tema, descubrimos que el *dinero no es lo que está en lucha*. Más bien, nos muestra con qué estamos luchando. La lucha es real, solo que los dólares no son el problema. La mayoría de las veces, todo se reduce a la perspectiva, a lo que pensamos o a cómo vemos las cosas. Esta es la forma en que Dios describe la realidad desde Su (verdadera) perspectiva:

> *8 Porque mis pensamientos no son los de ustedes ni sus caminos son los míos, afirma el Señor. 9 Mis caminos y mis pensamientos son más altos que los de ustedes; ¡mas altos que los cielos sobre la tierra!*
>
> *Isaías 55:8-9 NVI*

Dios no está presumiendo. Está afirmando una verdad real. ¿Por qué Dios se esforzaría por explicarnos que Sus pensamientos y caminos son diferentes y más elevados que nuestros pensamientos y caminos? Probablemente por más razones de las que podemos entender. Pero una de ellas sería esta: Él sabe que luchamos en la vida contra cosas que no podemos ver y no entendemos. Sin embargo, Él quiere que sepamos que hay esperanza, que hay respuestas y que hay verdades por las que podemos vivir y que nos dan vida. Y esas verdades están ligadas a Él.

Básicamente está diciendo: "Oye, sé que hay momentos en la vida en los que te sientes como si estuvieras dando vueltas dentro del tambor de una secadora de ropa. No se puede saber en qué dirección está arriba o abajo". Dios quiere que sepamos que el hecho de que nos sintamos desorientados, confundidos o fuera de lugar, no significa que tengamos que vivir de esa manera. De hecho, hay esperanza. Existe la verdad, y podemos conocerlo. Él es la verdad.

Hay una gran diferencia entre la forma en que nosotros vemos las cosas y la forma en que Él ve las cosas, la forma en que pensamos instintivamente sobre algo y la forma en que Él piensa sobre ello. Y podemos elegir en qué perspectiva basamos nuestras elecciones (lo cual es emocionante por un lado y aterrador por el otro).

* *

Cuando era niño, crecí pensando: "No puedo esperar a ser adulto porque cuando sea adulto, podré hacer lo que quiera". Bueno, ahora estoy siendo adulto. Y me doy cuenta de que la vida como adulto es completamente diferente de lo que imaginé que sería cuando tenía 12 años.

Estoy cargado de responsabilidades, agobiado por los impuestos, la lista es larga. Y se compone de todas las cosas que un niño nunca podría entender. Los niños a menudo miran a los adultos y piensan: "No puedo esperar a ser adulto como tú", sin saber que hay muchas veces que los adultos se sienten como, "Caray, ¿un sándwich de mantequilla de maní y mermelada, sin tener ningunas preocupaciones por las que estresarse, y todo lo que tengo que hacer es la tarea y ver la televisión cuando termino? ¡Adelante!"

* *

Así es la infancia. Malinterpretamos cosas que nos parecen reales, pero que en realidad no lo son. Y pensamos: "Algún día conseguiremos lo que queremos". Luego, crecemos y obtenemos lo que queríamos, solo para darnos cuenta: "En realidad no quiero esto".

Así que Dios dice: "Déjame ir al grano. Te diré lo que es realmente cierto y lo que realmente funciona. <u>Puedes elegir</u>, *pero obtienes <u>lo que</u> eliges*". Y por Su gracia, permanecemos vivos el tiempo suficiente para darnos cuenta de lo que es realmente cierto. En algún momento, empezamos a darnos cuenta, "Supongo que mi manera no es la mejor. Debería empezar a escuchar a Dios y confiar en Su camino".

Así describe Jesús el proceso por el que nos conduce para que descubramos la verdad y la libertad que ésta proporciona.

> [31] *Jesús se dirigió entonces a los judíos que habían creído en él, y les dijo: Si se mantienen fieles a mis palabras, serán realmente mis discípulos;* [32] *y (entonces) conocerán la verdad, y la verdad los hará libres.*
>
> Juan 8:31-32 NVI *(énfasis del autor)*

En otras palabras, Dios está diciendo: "Con el fin de aprender lo que es realmente verdad, primero tienes que 'confiar' funcionalmente en la verdad, y Yo soy la Verdad". Está diciendo. "Si sigues Mis enseñanzas, entonces aprenderás lo que es verdad. Lo descubrirás. Te darás cuenta. Pero no esperes a que la verdad se te revele antes de confiar y seguir Mis instrucciones. Tienes que confiar en Mí siguiéndome primero. En el camino, te darás cuenta. Sabrás la verdad". Y es en el momento en que entonces "conoceras la verdad" *que la experiencia de la libertad amanece en tu alma y te das cuenta: "Estoy libre de eso".*

Hay un elemento al tartar con el dinero en el que realmente tenemos que confiar y seguir primero las directivas de Dios, mientras que no "tiene sentido", para que luego podamos aprender/conocer la verdad. Cuando descubrimos esa realidad, hace varias cosas por nosotros. Una de ellas es que nos hace libres. La otra cosa que hace por nosotros es profundizar nuestra confianza en Él. Nos damos cuenta de que, "ya que Dios tiene razón en esto, entonces probablemente también tenga razón en las otras cosas que nos dice".

Dios quiere que sepamos que la forma en que lidiamos con el "tesoro" en esta vida es más importante y determina la vida de lo que la mayoría de nosotros pensamos. De hecho, es parte de algo que Él está buscando en lo que se refiere a la forma en que nuestras vidas se alinean con Sus propósitos. Fíjate en la intención y la motivación que Él revela en este versículo:

> [9] *El Señor recorre con su mirada toda la tierra y está listo para ayudar a quienes le son fieles (y quienes se comprometen a Él en su corazón).*
>
> *2 Crónicas 16:9a NVI*

Sabemos que Él vino a buscar y salvar a los que estaban perdidos. Pero de este versículo entendemos que, en todo lo que Dios está haciendo, Él también nos está diciendo: "Oye, estoy buscando activamente algo en la tierra. Busco a aquellos por los que pueda mostrarme fuerte".

Entonces Dios describe quiénes son. Él dice: "Estoy buscando a personas que están totalmente comprometidas conmigo". No está siendo un narcisista egocéntrico. Él está buscando personas cuyos corazones estén totalmente comprometidos con Él, *para que Él pueda mostrarse fiel a ellos*.

Entonces, entendemos por el mensaje de este versículo que Dios está diciendo: "Quiero mostrarme fiel a las personas. Quiero mostrarme fuerte a la gente. Quiero fortalecer a la gente". Lo que Él está insinuando es: "Quiero hacer algunas cosas en esas personas que ellos no pueden hacer por sí mismos. Quiero darles acceso a un poder sobrenatural. Quiero darles acceso a recursos ilimitados (e inalmacenables). Quiero que experimenten quién soy de tal manera que se queden boquiabiertos. Pero para que Yo pueda hacer eso, ellos tienen que estar completamente comprometidos conmigo".

¿Por qué? Porque si no estamos completamente sometidos y comprometidos a Él, nuestra naturaleza humana tomará todo lo que Él nos da y lo consumirá. Lo usaremos para nosotros mismos.

Dios sabe que necesitamos cosas. Él diseñó la vida para que la experimentáramos, para que nuestros cuerpos se alimentaran y nuestras necesidades recibieran recursos. Es solo que Él quiere hacer mucho más que eso en y a través de nosotros.

Dios nos está diciendo: "Estoy mirando. Estoy buscando. Quiero encontrar personas cuyos corazones estén totalmente comprometidos conmigo para que en esa relación totalmente comprometida, a través de ese pacto, esa conexión desinteresada, pueda yo verter medidas extraordinarias de mí mismo en ellos y no los destruya".

¿Para quién puede hacer eso? Personas que lo aman y lo siguen. Fíjate en la respuesta de nuestra parte que viene de amarlo a Él.

> [15] *Si ustedes me aman, obedecerán mis mandamientos.*
>
> *Juan 14:15 NVIS*

Ese mensaje puede escucharse desde dos perspectivas diferentes. Por un lado, podemos escuchar eso como Dios diciendo: "Pruébame tu amor haciendo lo que te digo". En realidad, así es como *tendemos* a operar entre nosotros. Pero esa no es la manera en que Él opera.

Por otro lado, Él en realidad está diciendo: "Si me amas, si tu vida está anclada en una relación genuina conmigo, entonces me *conocerás* y harás lo que estoy diciendo porque *confías en Mí*". Dios está diciendo: "Estoy buscando esa alineación, ese amor, esa confianza, esa obediencia a nivel de corazón y motivación, *para poder medir cuánto de Mí y de Mi poder y recursos puedo derramar en ti*".

Muchas cosas en la vida funcionan de manera diferente a lo que parecen al principio. Tomemos el dinero, por ejemplo. *La gente tiende a amar el dinero.* Pero cuando profundizas un poco en esa idea, te das cuenta de que no es el dinero lo que tanto aman. *Lo que aman es lo que representa* el dinero: la libertad de hacer lo que quieran, cuando quieran, sin tener que rendir cuentas a nadie más.

"Es mi dinero. Haré lo que quiera con él. Si quiero esto, lo conseguiré. Si quiero eso, también lo conseguiré". ¿Por qué? "Porque tengo el dinero para hacer lo que yo quiera". *Es casi como si el dinero funcionara en el papel de Dios en su vida.* Pero Dios dice lo contrario.

> [24] *Nadie puede servir a dos señores, pues menospreciará a uno y amará al otro o querrá mucho a uno y despreciará al otro. Ustedes no pueden server a la vez a Dios y a las riquezas.*
>
> Mateo 6:24 NVI

Podemos tratar de engañarnos a nosotros mismos acerca de esto, pero Dios nos está diciendo que en realidad es imposible amar tanto a Dios como al dinero. Amaremos a uno u otro. Nos dedicaremos a uno u otro.

Una vez más, la forma en que tratamos con el "tesoro" tiene una función mucho más importante en la forma en que funcionan nuestras vidas de lo que la mayoría de la gente cree. *Pero como descubriremos en el próximo capítulo, para "ver" este efecto del tesoro con mayor claridad, tendremos que cambiar nuestro punto de vista.*

PREGUNTAS DE REFLEXIÓN

1. *Considere la perspectiva presentada en este capítulo de que el dinero en sí mismo no es la lucha real, sino que revela con qué están luchando los individuos. ¿Cómo desafía esta perspectiva las creencias comunes sobre los desafíos financieros? ¿Puedes identificar áreas en tu vida en las que el dinero ha revelado luchas o deseos más profundos?*

2. *Este capítulo habla sobre el proceso de descubrir la verdad y la libertad siguiendo las enseñanzas de Jesús. ¿De qué manera el confiar y seguir las directivas de Dios te han llevado a una comprensión más profunda de la verdad y la libertad en tu vida? ¿Puede compartir una experiencia específica en la que seguir la guía de Dios haya dado como resultado una nueva libertad?*

3. *Este capítulo pone de relieve la idea de que Dios está buscando activamente a aquellos cuyos corazones están plenamente comprometidos a Él, <u>con el propósito de mostrarse fiel a ellos</u>. ¿De qué manera desafía esta perspectiva tu comprensión del papel de Dios en tu vida?*

4. *Se discute el contraste entre las percepciones de la infancia y las realidades de ser adulto. ¿Hay aspectos de tu vida ahora que alguna vez deseaste, pero te das cuenta que hoy no las quieres?*

CAPÍTULO 2

CAMBIANDO PUNTOS DE VISTA

La perspectiva importa.

He aquí una vieja ilustración. Tan pronto como lo veas, sabrás exactamente cuál va a ser el siguiente punto, pero finge que no lo sabes.

Si te enfocas en la forma negra en medio de esa imagen, puedes ver claramente un jarrón. Si te concentras en los elementos blancos a cada lado de la imagen, verás claramente dos caras blancas en contraste. Ahora que puedes "ver ambas perspectivas", puedes cambiar de una a otra en tu mente.

Usando esta ilustración, apliquemos esa capacidad de "cambiar de un lado a otro entre dos perspectivas una vez que puedas ver ambas" al tema de la *propiedad* en la vida.

La pregunta básica es: "¿Quién es realmente dueño de qué en esta vida?"

Hay algo en nosotros que quiere poseerlo todo, porque si lo poseemos, *podemos hacer lo que queramos con él.* ¿Por qué? "Es mío".

"... lo que queramos..."

Esa es la raíz del problema. Tendemos a tomar decisiones basadas en nuestro "deseador". El problema es que nuestro "deseo" está distorsionado.

Si a alguien se le hace la pregunta: "¿Cuánto es suficiente?", la respuesta más común es básicamente: "Más". Es posible que no sepamos "cuánto más". Instintivamente queremos un poco más".

Quizás una de las personas más aterrorizadas de la historia fue el rey Salomón en el Antiguo Testamento de la Biblia. Tenía absolutamente todo lo que un hombre puede desear. Todo: poder, riquezas, mujeres, materiales, reinos, lo tenía todo. La Biblia dice que él era el hombre más rico de todos los tiempos. Y podía hacer lo que quisiera, porque él era el Rey. Lo tenía todo. Y, al ultimo, fue el hombre más miserable porque al final de su viaje se dio cuenta de que "tenerlo todo" nunca le llenó de verdad.

Muchas veces pensamos que somos miserables *porque no tenemos suficiente dinero para conseguir lo que creemos que deseamos.* Así que la ilusión que nos sigue impulsando a través del laberinto de la vida es: "Cuando consiga eso, seré feliz". "Ah, eso no fue bastante". "Entonces, cuando consiga eso otro, y cuando consiga ese aumento, y luego cuando consiga a esa chica, o a ese chico, o a esa casa, o a ese coche, o a esa promoción, o a tantos seguidores en las redes sociales, o a esta marca, o cuando consiga eso..., entonces estaré satisfecho".

Así que somos conducidos y obligados a través de un laberinto de confusión por esta fuerza en nuestro interior que clama por más. Se llama *materialismo*. Las personas que siguen a su "deseador" de esa manera a lo largo de la vida son verdaderamente miserables, en gran parte, porque piensan que "todavia no tengo 'eso'." Y Dios, en Su benevolente misericordia, está diciendo: "No quiero que termines como Salomón. Nunca lo tendrás todo, porque 'tenerlo todo' te deja, de todas las personas, como el más miserable, porque te das cuenta de que 'eso' nunca es suficiente".

Dios quiere que sepamos que la búsqueda de cosas, por el beneficio de poseerlas, es una causa perdida antes de que comience. ¿Cuál es Su solución? Comienza eligiendo a "vivir" desde Su perspectiva.

Fíjate en la forma en que describe la diferencia entre su punto de vista y el nuestro.

[8] Porque mis pesamientos no son los de ustedes ni sus caminos son los míos, afirma el Señor. [9] Mis caminos y mis pensamientos son más altos que los de ustedes; ¡más altos que los cielos sobre la tierra!

Isaías 55:8-9 NVI

Ahora que Dios nos ha ayudado a ver que Sus pensamientos y caminos son diferentes, y más elevados, que nuestros pensamientos y caminos (o nuestra perspectiva), veamos *por qué Dios nos permite luchar en esta vida y luego una de las cosas más grandes con las que luchamos: "quién" realmente "posee" qué.*

PREGUNTAS DE REFLEXIÓN

1. *Reflexiona sobre la ilustración visual del jarrón y las caras. ¿Cómo resuena esta ilustración con el concepto de perspectiva en tu propia vida? ¿Puedes recordar casos en los que el cambio de perspectiva te haya llevado a una mejor comprensión de una situación?*

2. *Isaías 55:8-9 enfatiza la diferencia entre los pensamientos y caminos de Dios y los pensamientos y caminos humanos. Reflexiona sobre los momentos de tu vida en los que reconociste la necesidad de alinear tu perspectiva con la de Dios. ¿Cómo influyó esta alineación en tus decisiones y en tu perspectiva de la vida?*

3. *El capítulo discute la naturaleza distorsionada de nuestro "deseo". Considera tus propios deseos y necesidades. ¿Cómo distingues entre las necesidades genuinas y los deseos distorsionados en tu vida?*

4. *La historia del rey Salomón se destaca como un ejemplo de alguien que "tenía" todo, pero que finalmente se encontró insatisfecho. ¿De qué manera ven paralelismos entre la búsqueda de la realización de Salomón y las actitudes culturales comunes hacia el éxito y el materialismo en la actualidad?*

CAPÍTULO 3

LA LUCHA ES REAL

En primer lugar, ¿se supone que la lucha realmente es parte de cómo funciona la vida? Respuesta corta: sí. No hay como escaparse. La lucha es una gran parte de la vida, pero también tiene un potencial constructivo incorporado. Aunque al principio queramos evitar la lucha, en algún momento nos damos cuenta de que la fuerza, el significado, la satisfacción y la mayoría de las experiencias más significativas de la vida se desarrollan, en muchos sentidos, *a través* de las luchas que encontramos en el camino.

Una de las preguntas más importantes de la vida es: "¿En qué estoy confiando para tener importancia, seguridad y satisfacción en la vida?" Para la mayoría de las personas, *reunir y almacenar cosas que atesoramos* constituye la base de su respuesta a esa pregunta. Es interesante darse cuenta de que Dios no minimiza la importancia del tesoro. *Pero Él tiene una perspectiva de vital importancia sobre cómo funciona el tesoro en la vida*, especialmente la <u>forma</u> en que lo recolectamos y almacenamos.

Esto es lo que Jesús dijo al respecto:

19 No acumulen para sí tesoros en la tierra, donde la polilla y el óxido destruyen, y donde los ladrones se meten a robar. 20 Más bien, acumulen para sí tesoros en el cielo, donde ni la polilla ni el óxido carcomen, ni los ladrones se meten a robar.

Mateo 6:19-20 NVI

Dios está diciendo: "No acumulen tesoros para si mismos aquí **en la tierra**. *Más bien*, acumulen tesoros *para si* mismos **en el cielo**". (Cubriremos cómo funciona eso en otro capítulo). Fíjate bien cómo describe Jesús el *efecto que* tiene el tesoro en nuestras vidas.

> ²¹ *Porque donde esté tu tesoro, allí estará también tu corazón.*
>
> *Mateo 6:21 NVI*

La Nueva Versión Internacional (NVI) destaca el énfasis que Jesús puso en *"dónde* estará nuestro corazón" (es decir, dónde almacenaremos tesoros para nosotros mismos).

La Nueva Traducción Viviente (NTV) destaca el *"elemento dentro de nuestro corazón"* que *lo une a nuestro tesoro*:

> ²¹ *Donde esté tu tesoro, allí estarán también los deseos de tu corazón.*
>
> *Mateo 6:21 NTV (énfasis del autor)*

Y ahí está: ¡Deseo! (una de las mayores luchas de la vida).

El deseo es principalmente lo que motiva o "impulsa" a las personas a través de la vida. Dios nos creó con el don del deseo. ¿Te imaginas cómo sería la vida sin el deseo? El deseo es un don profundo de Dios. Nos obliga en todas las dimensiones de lo que somos.

Es solo que la mayoría de la gente nunca ha aprendido que el deseo puede ser *dirigido*. En realidad, solo *siguen* sus deseos.

Podrías estar pensando: "Bueno, ¿que no es eso lo que haces con el deseo?" Sí, si quieres desperdiciar tu vida. Pero Dios creó el deseo para algo más: motivación para empoderarnos para superar las luchas de la vida y crecer en todo lo que Él nos creó para llegar a ser.

Lo que es importante reconocer de Mateo 6:19-21 es que Él también "identificó cómo 'dirigir' esta cosa aparentemente incontrolable llamada el deseo en nuestras vidas". Dios nos está ayudando a ver que *"el efecto del tesoro" es lo que dirige esos deseos.*

Con eso en mente, veamos un aspecto de la vida que parece ser una de las mayores luchas de todas: ¿"quién" es dueño de "qué"? *(Abróchense los cinturones de seguridad, el viaje puede tener baches...)*

El Salmo 24:1 NVI comienza así:

¹ Del Señor es la tierra y todo cuanto hay en ella…...

Mucha gente puede pensar: "Está bien, puedo entender esto. Dios puede quedarse con la tierra. No la quiero. No quiero a Saturno, ni nada más en los cosmos tampoco".

Es la siguiente frase la que tiende a molestar a casi todo el mundo al principio:

¹ Del Señor es la tierra y todo cuanto hay en ella, el mundo y cuantos lo habitan;
> *Salmo 24:1 NVI (énfasis del autor)*

Deja que eso se asimile por un minuto. No solo está hablando de vacas, caballos, águilas y ballenas. Todos los que vivimos en ella incluye a *todos, lo que significa, en última instancia, a nosotros*. A lo que la mayoría de la gente responde: "Nadie es dueño de mí. Yo soy mi dueño".

Dios nos está diciendo: "Oye, presta atención. Soy dueño de todo, incluyéndote a ti. Tú y todo lo que está bajo tu influencia es Mío". **De aquí viene la lucha**.

Podemos pensar: "Bueno, ese es el Antiguo Testamento. Vivimos en la era del Nuevo Testamento". Bueno, abramos ese Nuevo Testamento en 1 Corintios 6:19 y veamos lo que Dios nos dice en ese pasaje.

> [19] *¿Acaso no saben que su cuerpo es templo del Espíritu Santo, quien está en ustedes y al que han recibido de parte de Dios? Ustedes no son sus propios dueños;* [20] *fueron comprados por un precio...*
>
> 1 Corintios 6:19-20a NVI
>
> (énfasis del autor)

En el Salmo 24 y otros pasajes de las Escrituras, Dios declara: "Yo soy el creador. Soy dueño de todo. Soy dueño de todo en el cosmos, el universo. Lo poseo todo. Yo lo creé. Es todo mío".

Pero mire la perspectiva que Dios nos muestra en el pasaje de 1 Corintios. "_Te_ compraron por un precio". Ahora Dios está hablando de algo más que de tu cuerpo. Ahora Él está articulando el hecho de que _Tú_, no sólo el cuerpo en el que vives, eres Suyo.

Comenzamos la vida, sin ser redimidos, por nuestra cuenta, separados de Dios, conduciendo el traje de tierra en el que vivimos a través de la realidad, tal como la conocemos, lo mejor que podamos, hasta que nos damos cuenta de que *realmente necesitamos experimentar la gracia que transforma* nuestras vidas, brindada por nuestro Salvador y luego rendir "nuestras" vidas a Jesús. En ese momento milagroso, nuestro espíritu se reconecta con Dios de una manera que nos lleva de la muerte a la vida, y entonces "vivimos" unidos en relación con Él. Dios describe ese proceso como nacer de nuevo.

Ahora, veamos cómo Dios completa el pensamiento que comparte con nosotros en 1 Corintios 6:19-20 NVI.

> [19] *¿Acaso no saben que su cuerpo es templo del Espíritu Santo, quien está en ustedes y al que han recibido de parte de Dios? Ustedes no son sus propios dueños;* [20] *fueron comprados por un precio. Por tanto, glorifiquen con su cuerpo a Dios.*

La gente puede pensar: "*¿Sus* cuerpos? Pensaba que todo pertenecía a Dios". He aquí un matiz importante que a veces se pasa por alto.

Supongamos que alguiente pide que le ayudes llevándole un billete de $100 de la mano a una persona sentada al otro lado de la habitación. ¿Qué tan difícil sería hacer eso? No es nada difícil. ¿Por qué? *Ese billete de $100 nunca fue "tuyo" para empezar.* Estuvo, sin embargo, en "tus manos" por unos momentos.

Aquí es donde "lo tuyo" toca las cosas que te rodean. Es "tu elección" y comó manejas lo que Dios ha puesto en "tu influencia".

Esa es la única cosa que Dios no hará por nosotros. Todo lo demás, Él lo hace. Es "nuestra elección" lo que la hace "nuestra". De modo que el cuerpo en el que vivimos no es **nuestro** para alimentarlo como *queremos alimentarlo, para sexarlo* como *queremos* que sea sexado, para entretenerlo como *queremos* que se entretenga, etc.

Dios está diciendo, especialmente para los redimidos, pero también en todos los demás sentidos: *"Eso no es tuyo, pero lo* estás tratando como si fuera tuyo. Entonces, **la razón por la que estás luchando es porque crees que es tuyo.**"

Nuestra lucha no es por lo que es verdad. *La lucha se debe a la forma en que pensamos sobre lo que está en "nuestras manos".* Si pensamos que es _nuestro_, tendemos a hacer lo que _queramos con_ él. Dios está diciendo: "No es tuyo excepto por una cosa: lo que elijas hacer con él (cómo lo administras). Esa es la parte 'tuya'".

En 1 Corintios 6:19-20, Dios está diciendo: "Quiero que el cuerpo que puse bajo tu dirección, lo uses para mi gloria".

La mejor manera de responder a ese pasaje de las Escrituras es decir: "Dios, este cuerpo es tuyo. Haré con el lo que Tú quieras que se haga con el, para Tu gloria, para Tu propósito". ¿Por qué?

"Porque no es mío".

Algún día, nos despojaremos de los trajes de tierra en los que vivimos. Entonces, el "nosotros" real entrará en la eternidad moldeado de la manera en que _elegimos_ ser moldeados (por la forma en que respondimos a la dirección de Dios a lo largo de nuestras vidas).

Jesús lo amplificó un poco más cuando enseñó acerca de esto en el Nuevo Testamento.

> [15] Y luego dijo: ¡Tengad cuidado con toda clase de avaricia! La vida no se mide por cuánto tienen. [16] Luego les contó una historia: Un hombre rico tenía un campo fértil que producía buenas cosechas. [17] Se dijo a sí mismo: ¿Qué debo hacer? No tengo lugar para almacenar todas mis cosechas.
>
> Lucas 12:15-17 (NTV)

El hombre hizo una declaración factual y verdadera. "No tengo espacio para todos 'mis' cosechas". Recuerde, Jesús está usando esta parábola para advertir contra el poder engañoso de la codicia. Nota: La codicia solo tiene poder sobre lo que una persona *cree que* es "suyo" o algo que "tiene *derecho a tener o experimentar*...En esta parábola, el hombre llegó a una solución que sería "natural" para muchas personas que creen que las cosas que están en "su posesión" son "suyas".

> *¹⁸ Entonces pensó: "Ya sé. Tiraré abajo mis graneros y construiré unos más grandes. Así tendré lugar suficiente para almacenar todo mi trigo y mis otros bienes.*
>
> *Lucas 12:18 (NTV)*

¿Te fijaste? "Mi trigo..." El versículo 19 nos da el contexto de la "perspectiva" de "mi trigo" desde la que estaba operando.

> *¹⁹ Luego me pondré cómodo y me diré a mí mismo: 'Amigo mío, tienes almacenado para muchos años. ¡Relájate! ¡Come y bebe y diviértete!'"*
>
> *Lucas 12:19 (NTV)*

Es evidente que este hombre no estaba operando desde la perspectiva de que el trigo en "sus manos" *pertenecía realmente a Dios, quien lo había confiado en sus manos para que lo administrara para los propósitos de Dios y en su nombre.*

A continuación, Jesús le dice al hombre que había sido engañado (defraudado). Como resultado, había perdido todo el sentido de la vida.

²⁰ Pero Dios le dijo: "¡Necio! Vas a morir esta misma noche. ¿Y quién se quedará con todo aquello por lo que has trabajado?"

Lucas 12:20 (NTV)

Jesús estaba usando esa ilustración para enseñar este punto: "No desperdicies tu vida persiguiendo ganancias materiales como si eso fuera a hacer algo por ti. Lo único que hará ese enfoque es absorber tu vida y absorber el tiempo fuera de tu vida hasta que no quede nada con lo que elegir. Y entonces entrarás a la eternidad dándote cuenta: 'He elegido mal'".

No persigas cosas por el simple hecho de poseerlas para que puedas hacer lo que quieras con ellas. Para empezar, no es tuyo, y esa misma mentalidad es el problema.

Luego, Jesús concluyó la parábola volviendo a enfocarse en la verdad desde Su perspectiva.

²¹ Así es, el que almacena riquezas terrenales pero no es rico en su relación con Dios es un necio.

Lucas 12:21 (NTV)

Esto es lo que Jesús **no** estaba diciendo. El no estaba diciendo que "Una persona es tonta por manejar mucho dinero". El punto de la parábola es que: "Una persona es necia si pasa su vida *persiguiendo* el dinero, y no a Dios".

Esta es la verdad. Cuando buscamos a Dios primero, lo obtenemos a Él y a todo lo demás de todos modos.

¿Sera posible que la razón por la que Dios no arroja recursos sobre la mayoría de nosotros es que sabe que nos consumiríamos a nosotros mismos hasta el olvido con ellos? Es como si Él midiera los recursos suficientes para que coincidan con la madurez de nuestro carácter.

* *

Nota: Si, a medida que vas leyendo, te queda claro que no tienes una "relación profunda" con Dios, quiero que sepas que fuiste hecho para eso. Y en el fondo, lo sabes. Yo creo que, en tu corazón, realmente quieres comenzar esa relación con Dios, pero puede que no sepas cómo empezar una con Él. Si ése es el caso, he aquí unas palabras para rezar que tu corazón ya le está diciendo a Dios. Ora en voz alta con todo tu corazón:

Padre Celestial, reconozco que Tú eres Dios y yo no lo soy. Quiero agradecerte por amarme lo suficiente como para decirme la verdad en Tu Biblia.

Señor Jesucristo, gracias por amarme lo suficiente como para morir en la cruz del Calvario, dando Tu vida sin pecado como rescate por mí. Confieso que necesito Tu salvación y te pido que me perdones por cada pecado en mi vida. Te pido que me laves, me limpies y me hagas nuevo. En este momento, te entrego toda mi vida. Elijo seguirte como mi único Señor y Salvador por el resto de mi vida.

Espíritu Santo, entra en mi corazón y dame la fuerza que necesitaré para vivir para Jesús toda mi vida.

En el Nombre de Jesús, te lo ruego, amén.

Felicidades por tomar la decisión más importante de tu vida. ¡Bienvenidos a la Familia de Dios!

Es muy importante que te conectes con una iglesia local que tenga una base bíblica y centrada en Cristo en tu área y que camines el resto del gran plan de Dios para ti en relación con otros seguidores de Cristo que puedan ayudarte en el camino.

* *

Ahora que hemos resuelto el mayor problema de "propiedad" en esta vida, echemos un vistazo más de cerca de dónde viene realmente la lucha.

Mi esposa (Chereé) y yo dirigimos la Iglesia Life Link en Gilbert, AZ (en el sudeste del valle Phoenix - lifelinkchurch.com). Estaríamos encantados de ser parte de su nuevo viaje con Jesús si está lo suficientemente cerca de nuestra área y aún no se relaciona con una iglesia basada en la Biblia y centrada en Cristo. Si te relacionas con una iglesia como esa, acércate a ellos y cuéntales sobre tu decisión de seguir a Jesús. Vendrán a tu lado y te pondrán en marcha en tu nueva vida en Cristo.

Si aún no se relaciona con una iglesia como esa, puede conectarse con nosotros enviando un mensaje de texto con la palabra CONNECT al 480-470-0800 y seguir las indicaciones desde allí. Háganos saber que acaba de comprometer su vida a seguir a Jesús mientras lee este libro. Nos comunicaremos con usted y nos conectaremos con usted para un gran comienzo nuevo.

Si usted no está en nuestra área y no conoce una iglesia como esa cerca de usted, tenemos amigos que dirigen grandes iglesias en muchos lugares. Nos sentiríamos honrados de ayudarlo a conectarse con ellos. Simplemente conéctese con nosotros enviando un mensaje de texto con la palabra CONNECT al 480-470-0800 y siga las instrucciones desde allí para informarnos. ¡Nos pondremos manos a la obra!

PREGUNTAS DE REFLEXIÓN

1. ¿Cómo resuena el concepto de que la lucha es una parte inherente de la vida con tus experiencias personales? ¿Puedes recordar casos específicos en los que las dificultades contribuyeron al crecimiento o desarrollo personal?

2. Este capítulo analiza el deseo como un aspecto significativo de la vida humana y sugiere que muchas personas simplemente siguen sus deseos en lugar de dirigirlos. ¿Puedes dar un ejemplo de cuando "seguiste" un deseo hacia un resultado indeseable en lugar de "dirigir" ese deseo de una manera más constructiva?

3. El Salmo 24:1 afirma que "la tierra es del Señor y todo lo que hay en ella". ¿De qué manera la idea de que todo, incluyéndonos a nosotros mismos, pertenece a Dios desafía tu percepción de propiedad y control en tu vida? ¿Cómo podría influir esta perspectiva en tu toma de decisiones?

4. El capítulo concluye con la importancia de buscar una relación profunda con Dios por encima de las riquezas terrenales. Reflexiona sobre tus prioridades y aspiraciones. ¿Qué tan central es tu relación con Dios en comparación con otras actividades en tu vida?

CAPÍTULO 4

DE DONDE VIENE LA LUCHA

Sí, la lucha es definitivamente real, desconcertante. Pero no tiene por qué seguir envuelta en misterio. Dios nos dice en Santiago 4:1-3 exactamente qué es lo que causa tantas de nuestras luchas.

> [1] *¿Qué es lo que causa las disputas y las peleas entre ustedes? ¿Acaso no surgen de los malos deseos que combaten en su interior?* [2] *Desean lo que no tienen entonces traman y hasta matan par conseguirlo...*
> *Santiago 4:1-2a NTV*

Dios hizo todo lo posible para que la gente supiera qué causa las disputas y peleas. Señala que son nuestros **deseos los** que luchan dentro de nosotros. Los deseos egocéntricos y egoístas causan disputas y peleas, la mayor parte de nuestra lucha. Luego hace esta declaración:

> [2] *... no tienen lo que desean porque no se lo piden a Dios.*
> *Santiago 4:2b NTV*

Es muy probable que hayas escuchado esa declaración antes, pero tómate tu tiempo y vuelve a leer atentamente esa frase. "No tienen, porque no se lo piden a Dios."

Es posible que hayas pensado: "¡No es cierto! Le pido cosas todo el tiempo y no las recibo".

Esta Bien. Pero hay dos aplicaciones que se identifican en este pasaje (una más obvia que la otra).

La primera aplicación se describe en el versículo tres.

> *3 Aun cuando se lo piden, tampoco lo reciben porque lo piden con malas intenciones: desean solamente lo que les dará placer.*
>
> *Santiago 4:3 NTV*

Así que básicamente está diciendo: "Si estás pidiendo algo para satisfacer un deseo que crees que te llenará, pero yo sé que no lo hará, no te lo voy a dar".

"Está bien", podrías decir. "¿Cuál es la otra aplicación que Dios está señalando en este pasaje?"

De nuevo, mire cuidadosamente la segunda mitad de Santiago 4 versículo 2 (NTV):

> *2 ... no tienen lo que desean porque no se lo piden a Dios.*

Aquí hay una perspectiva que quizas no sea tan obvia. Otra aplicación de lo que Dios está diciendo aquí podría decirse así: *"Parte de la razón por la que no 'tienes' (lo que crees que necesitas) es porque <u>has gastado lo que puse en tus manos antes de que me lo preguntaras</u>. Así que cuando llegue el momento de* *'obtener lo que necesitas', ya habrás gastado lo que yo puse en tus manos sabiendo que la necesidad iba a llegar".*

Así que Él no está diciendo: "No tienes las cosas que quieres porque no las estás pidiendo". Él dice: "En realidad no me estás dejando guiar tus gastos. Estás dejando que tus deseos dirijan tus gastos".

En otras palabras, si "quieres" una nueva bolsa, "obtienes" una nueva bolsa. Si "quieres" nuevos pantalones cortos, "obtienes" nuevos pantalones cortos. Si "quieres" zapatos nuevos, "consigues" zapatos nuevos. Si "quieres" un coche nuevo, "consigues" un coche nuevo, porque "quieres", *y los recursos para comprarlos están en tus manos*.

Si gastamos lo que tenemos "ahora" en lo que queremos, sin pedirle a Dios que nos guíe sobre cómo gastar lo que ya está en nuestras manos, *es muy probable que gastemos esos recursos en algo que "queremos ahora" para que ellos (los recursos) ya estén fuera de nuestro alcance cuando aparezca "algo que necesitamos"*.

Dios está diciendo: "No tienes porque no me lo pides. Si me hubieras preguntado, te habría dicho: 'No compres esos zapatos'. ¿Por qué? "Porque Yo sé que algo viene donde vas a necesitar ese dinero. Estoy poniendo un recurso en tus manos antes de que veas la necesidad o la oportunidad, para que cuando aparezca, los recursos que necesitas para ello todavía estén en tus manos".

¿Está Dios en contra de conseguir cosas nuevas? No, Él no está en contra de conseguir cosas nuevas.

Lo que Él está buscando es la *oportunidad de conseguir que la* inmensa riqueza acumulada de los malvados sea transferida *a nuestras manos para* Sus propósitos sin fronteras, *¡sin que nos destruya!*

Dios nos está mostrando algo profundo a través de esta sección de las Escrituras en Santiago 4:1-3.

Nuestros _deseos no sometidos_ son los que _limitan_ los recursos que Dios puede poner en nuestras manos.

Si elegimos nuestro camino a través de la vida en función de _lo que queremos_, entonces Dios sabe que Él no puede proveer realmente lo que Él quiere que se mueva a través de nosotros porque confundiremos eso con Su provisión por algo que queremos (y que Él sabe que no nos llenará). Solo serán más cosas.

En realidad, Dios sí _está_ buscando personas a través de las cuales pueda mover recursos inimaginables.

* *

Una vez alguien me dijo que le pedía a Dios todos los días que lo ayudara a ganar la lotería para poder diezmar y dar mucho dinero a la iglesia. Vivieron una larga vida y finalmente fallecieron sin haber ganado la lotería, preguntándose: "Si Dios es dueño de todo, y es capaz de hacer cualquier cosa, ¿por qué no haría eso por mí?" Solo Dios conoce verdaderamente esa respuesta. Pero la historia muestra que la mayoría de las personas que llegan a una riqueza extraordinaria de repente terminan en bancarrota en unos pocos años. ¿Por qué? _Porque el dinero no es el problema en realidad_.

Creo que en nuestra generación, realmente veremos con nuestros propios ojos a personas como nosotros mismos administrar millones de dólares por el bien de los propósitos de Dios en la tierra. No quiero decir que tengan un millón de patrimonio neto. Estoy hablando de millones de personas que vienen y toman esos millones y dicen: "Aquí, para Tu Reino, Dios, estoy poniendo estos millones en donde Tú me guíes a ponerlos".

* *

Habrá personas que lleguen al lugar con Dios que Él diga: "Ahora estás listo. *Tu "deseador" está realmente sometido y los recursos sin precedentes no te destruirán a través del consumo.* Así que, aquí hay $3 millones para que los administres por Mí. Devuélveme Mi (santo) diezmo a través de tu iglesia local. Entonces quiero que le des $1 millón a tu iglesia local para Mi propósito allí. A continuación, quiero que envíes $1 millón a "ese" otro ministerio o caridad para Mi propósito. Luego quiero que envíes medio millón de dólares a 'ese' otro ministerio o a una organización benéfica para Mi propósito y quiero que presupuestes los $200,000 dólares restantes para las necesidades personales de tu hogar durante el próximo año".

En ese momento, diríamos: "¡Increíble, Dios! Esta bien. Aquí está Tu diezmo de $300,000 a través de mi iglesia local. Y aquí está el millón de dólares que me llevaste a dar a mi iglesia local para Tus propósitos. Aquí hay otro millón de dólares para "ese" ministerio u caridad para Tus propósitos. Y otro medio millón de dólares para 'ese' ministerio u caridad para Tus propósitos. Ahora, presupuestaré los $200,000 restantes para mi hogar personal durante el próximo año".

Es posible que acabes de escuchar este pensamiento "¿Quieres decir que todo lo que conseguiría de $3,000,000 son unos míseros $200,000?"

(¿Ves de lo que estoy hablando?)

¿Qué limita las provisiones ilimitadas de Dios? *Nuestros deseos no sometidos* (un corazón que no está completamente sometido a Él).

Gran Riqueza ≠ Gran Riqueza

Escuchemos la visión que Dios nos da en este pasaje de las Escrituras:

> [6] *Ahora bien, la verdadera sumisión a Dios es una gran riqueza en sí misma cuando uno está contento con lo que tiene.* [7] *Después de todo, no trajimos nada cuando vinimos a este mundo ni tampoco podremos llevarnos nada cuando lo dejemos.* [8] *Así que, si tenemos suficiente alimento y ropa, estemos contentos.* [9] *Pero los que viven con la* <u>ambición de hacerse ricos</u> *caen en tentación y quedan atrapados por muchos deseos necios y dañinos que los hunden en la ruina y la destrucción.* [10] *Pues el amor al dinero es la raíz de toda clase de mal; y algunas personas, en su intenso deseo por el dinero, se han desviado de la fe verdadera y se han causado muchas heridas dolorosas.*
>
> *1 Timoteo 6:6-10 NTV (énfasis del autor)*

En el reino de Dios, grandes riquezas NO significa obtener más y más "cosas". Al contrario signfica que el anhelo de nuestra alma esta satisfecha cada vez más con una relación mas profunda con Dios.

Esto no es "fácil" de lograr, pero en realidad es "simple" de entender.

Instintivamente, parece que obteniendo más y más cosas nos haría sentir ricos. Y Dios repite: "No, la verdadera sumisión a Dios con contentamiento es verdaderamente la gran riqueza." ¿Por qué? Porque una mentalidad o perspectiva semejante a la de Dios es una perspectiva generosa. Eso significa que cuando hemos sometido nuestro corazón y nuestros deseos a Dios, *Él es capaz de eliminar los límites protectores de Su provisión en nuestras vidas*. Entonces somos capaces de hacer cualquier cosa que Él necesite hacer. En ese momento, no estamos limitados por nada y nos contentamos con dejar que Dios realmente satisfaga nuestras verdaderas necesidades sin convertir Sus provisiones en una lista de "deseos" egoístas.

Dios básicamente está diciendo: "*Esta vida no se trata de esta vida*. No pases tu vida tratando de acumular tesoros y experiencias que crees que te satisfarán en esta vida. Llegaste al mundo desnudo, sin nada. Te vas desnuda, sin nada. No puedes llevarte nada de este mundo contigo".

Dos cosas sobre esta realidad.

La primera es esta. Lo que la mayordomía o el manejo de los recursos en nombre de Dios hace por nosotros es darnos la capacidad *de aprender a seguir lo que Él quiere que se haga y facilitarlo, a pesar de nuestros deseos*. Así que lo importante de la vida es aprender a decirle esto a nuestros deseos: "No se haga mi voluntad, sino la de Dios".

En segundo lugar, no podemos sacar nada de esta vida, *excepto la formación del carácter* que ocurre cuando elegimos someternos a Dios y a Su Reino (y vivir realmente para él).

Dios nos está diciendo: "Mira, vas a administrar muchos recursos durante tu vida en la tierra. No pienses que eres dueño de esos recursos, como si fueran tuyos para conservarlos o acumularlos para tu propio sentido de importancia o seguridad". ¿Por qué? "Porque son solo recursos, y yo uso los recursos para cumplir Mi voluntad en la tierra. Viniste sin nada, te vas a ir sin nada. Pero cuando administras Mis recursos a *Mi manera* durante esta vida, te moldea para que te vuelvas más y más como Yo (Romanos 8:28-29)."

PREGUNTAS DE REFLEXIÓN

1. *Considere la afirmación: "No tienen, porque no piden" (Santiago 4:2b). ¿Cómo desafía esto las percepciones comunes sobre la adquisición de lo que necesitamos o deseamos? Describa un caso en el que buscar la guía de Dios antes de tomar una decisión podría haber marcado una diferencia en su vida.*

2. *Explora la idea de que gastar recursos basados en deseos personales sin buscar la guía de Dios puede conducir a la pérdida de oportunidades o a una provisión inadecuada cuando surgen las necesidades. Reflexione sobre sus hábitos de gasto y considere cómo la consulta intencional con Dios podría afectar sus decisiones financieras.*

3. *Considere el concepto de que los **deseos no sometidos son límites a la provisión de Dios**. ¿En qué áreas de tu vida no están tus deseos completamente sometidos a Dios? ¿De qué manera el renunciar a esos deseos podría conducir a un mayor flujo de los recursos y bendiciones de Dios en tu vida?*

4. *Reflexione sobre la visión de las personas que manejan millones de dólares para los propósitos de Dios, como se menciona en este capítulo. ¿Cómo desafía esto los puntos de vista convencionales sobre la riqueza y la prosperidad? ¿Qué pasos puedes dar para alinear tu corazón con el propósito de Dios en cuanto a recursos financieros?*

5. *Considere la ecuación presentada en 1 Timoteo 6:6-10, que enfatiza que la verdadera sumisión a Dios es una gran riqueza en si misma cuando uno está contento con lo tiene y que esto permite la eliminación de los límites de la provisión de Dios. ¿De qué maneras puedes cultivar la gran riqueza coma la define Dios en 1 Timoteó 6:6-10 el contentamiento en tu vida? ¿Cómo podrían estas cualidades conducir a un enfoque más generoso y abierto de los recursos?*

CAPÍTULO 5

EL EFECTO TESORO

Dios obra de maneras que son verdaderamente desconcertantes. Recuerde la forma en que Dios describe la diferencia entre _Sus_ perspectivas y métodos y _nuestra_ perspectiva y métodos:

> _[8] Porque mis pensamientos no son los de ustedes ni sus caminos son los míos, afirma el Señor. [9] Mis caminos y mis pensamientos son más altos que los de ustedes; ¡más altos que los cielos sobre la tierra!_
>
> _Isaías 55:8-9 NVI_

Como eso se aplica a la forma en que manejamos los tesoros y los recursos durante nuestras vidas, _más de una cosa está sucediendo a la vez_. De una manera que solo Dios puede operar, mira lo que Él nos muestra a través de 1 Timoteo 6:7 y Mateo 6:19-20.

> _[7] Porque nada trajimos a este mundo y nada podemos llevarnos._
>
> _1 Timoteo 6:7 NVI_

¹⁹ No acumulen para sí tesoros en la tierra, donde la polilla y el óxido destruyen, y donde los ladrones se meten a robar. ²⁰ Más bien, acumulen para sí tesoros en el cielo, donde ni la polilla ni el óxido carcomen, ni los ladrones se meten a robar.

Mateo 6:19-20 NVI

Nota: No podemos "llevarnos nada fuera de este mundo". Pero podemos *"acumular para nosotros mismos" tesoros en el cielo*.

De hecho, si nos fijamos bien en Mateo 6:20, Jesús en realidad nos está dirigiendo a hacer precisamente eso.

Una pregunta obvia, entonces, es: "¿Cómo obtengo tesoros de aquí en la tierra para 'almacenarlos en el cielo'?" Sobre todo si tenemos en cuenta que nuestra tendencia natural es aferrarnos a los tesoros y mantenerlos cerca de nosotros en la vida. El primer paso en ese proceso es notar lo que Jesús ilustró en una parábola que se encuentra en el libro de Lucas del Nuevo Testamento. Ya hemos aprendido a través de esta parábola en el capítulo 2, pero veamos más de cerca a medida que aprendamos a través de ella nuevamente.

¹⁵ ¡Tengan cuidado!-advirtió a la gente-. Absténganse de toda avaricia; la vida de una persona no depende de la abundancia de sus bienes. ¹⁶ Entonces les contó esta parabola: El terreno de un hombre rico produjo una buena cosecha. ¹⁷ Así que se puso a pensar: "¿Qué voy a hacer? No tengo dónde almacenar mi cosecha". ¹⁸ Por fin dijo: "Ya sé lo que voy a hacer: derribaré mis graneros y construiré otros más grandes, donde pueda almacenar todo mi grano

y mis bienes. ¹⁹ Y dire: Alma mía, ya tienes bastantes cosas buenas guardadas para muchos años. Descansa, come, bebe y goza de la vida". ²⁰ Pero Dios le dijo: "¡Necio! Esta misma noche te van a reclamar la vida. ¿Y quién se quedará con lo que has acumulado?" ²¹ Así sucede al que acumula riquezas para sí mismo, en vez de ser rico delante de Dios.

Lucas 12:15-21 NVI

Una vez más, aquí hay un resumen de lo que Jesús ilustró. El hombre de esta parábola tuvo una cosecha (aumento) que era demasiado grande para su sistema de almacenamiento. Su solución instintiva fue construir un almacén más grande para toda su cosecha (aumento). Nunca consideró que Dios proveyó "más" como su cosecha (aumento) para *el beneficio de otros*. En cambio, debido a que su corazón era egocéntrico, *decidió que aumentaría su almacenamiento para estar "listo para la vida".* Debe haber sido una completa sorpresa, entonces, cuando Jesús le dijo sin rodeos: "Perdiste todo el sentido de la vida".

Jesús quería que entendieran que crear una mayor capacidad para acumular tesoros aquí en esta vida es un desperdicio de esta vida. En otras palabras, Jesús está diciendo: "Lo que quiero **que seas** es *una vía* para que los recursos que traigo a tus manos los administres. *De esa manera, todo lo que se mueve "a través" de ti como Yo lo dirijo para Mis propósitos en la tierra si estan 'cumpliendo esos propósitos' Y en realidad 'estan siendo almacenados **para ti en** el cielo' al mismo tiempo".*

Recuerde lo que Dios nos advirtió en 1 Timoteo capítulo 6.

⁹ Pero los que <u>viven con la ambición de hacerse</u> <u>ricos</u> caen en tentación y quedan atrapados por muchos deseos necios y dañinos que los hunden en la ruina y la destrucción. ¹⁰ Pues el amor al dinero es la raíz de toda clase de mal; y algunas personas, en su intenso deseo por el dinero, se han desviado de la fe verdadera y se han causado muchas heridas dolorosas.

1 Timoteo 6:9-10 NTV (énfasis del autor)

¿Reconoces cómo Dios está describiendo al "deseador" (viven con la ambición de hacerse ricos) en ese pasaje?

Vivir con la ambición de hacerse ricos "el deseador" es lo que limita la capacidad de Dios para derramar más y más bendición a través de nosotros.

Aviso: El dinero en sí mismo no es malo. El <u>amor al</u> dinero es la raíz de todo tipo de males.

Mira el resultado potencial de aquellos que viven con esa mentalidad: "En su intense deseo por el dinero, se han desviado de la fe verdadera y se han causado muchas heridas dolorosas." En otras palabras, quieren tanto más dinero que ignoran las directivas de Dios y en realidad persiguen el dinero (como si pudiera darles lo que realmente necesitan). Y al hacerlo, se han causado muchas heridas dolorosas.

¿Cómo son esas heridas dolorosas? Esta es una forma en que Dios describe esas heridas dolorosas

⁵ Esto es lo que dice el Señor de los Ejércitos Celestiales: "¡Miren lo que les está pasando! ⁶ Han <u>sembrado</u> mucho <u>pero cosechado poco</u>; <u>comen</u> <u>pero no quedan satisfechos</u>; <u>beben</u> <u>pero aún tienen sed</u>; <u>se abrigan</u> pero <u>todavía tienen</u>

frío. Sus salarios desaparecen, ¡como si los echaran en bolsillos llenos de agujeros!"

Hageo 1:5-6 NTV (énfasis del autor)

Es por eso que Dios no podía verter recursos ilimitados en ellos; los destruiría.

En retrospectiva, lo mejor para nosotros es que el Señor no responda a nuestras peticiones desalineadas (o incluso demandas) de dinero. Él sabe exactamente cuál es el límite de sus recursos "ilimitados" que podemos manejar en cada etapa de nuestras vidas.

Esto nos lleva a preguntarnos: "¿Cómo puedo aumentar los límites de lo que Dios puede derramar constructivamente en mi vida?" En el próximo capítulo, veremos cómo podemos alinear nuestras vidas con Dios exactamente de esa manera.

PREGUNTAS DE REFLEXIÓN

1. *Reflexione sobre Isaías 55:8-9 y la profunda diferencia entre los pensamientos y caminos de Dios y nuestros pensamientos y caminos humanos. ¿Cómo influye este entendimiento tu enfoque en la gestión de tesoros y recursos en tu vida?*

2. *Considere la parábola de Lucas 12:15-21 acerca del hombre rico con una cosecha abundante. Reflexiona sobre tus propias actitudes hacia la riqueza y las posesiones. ¿Está usted más inclinado a construir un almacén más grande para sí mismo, o ve los recursos en sus manos como un medio para beneficiar a otros y servir a los propósitos de Dios?*

3. *Contempla la idea de que Dios quiere que seamos una vía de acceso para los recursos que Él trae a nuestras manos, permitiendo que fluyan a través de nosotros para Sus propósitos. ¿De qué manera modifica, su entendimiento esta perspectiva sobre la mayordomía, la generosidad y el propósito de acumular recursos?*

4. *Considere el resultado descrito en Hageo 1:5-6 para aquellos que están consumidos por el amor al dinero. ¿Cómo sirve esto como una advertencia sobre las posibles consecuencias de las prioridades desalineadas? ¿De qué manera puede asegurarse de que su búsqueda del éxito financiero no conduzca a la insatisfacción y el incumplimiento?*

CAPÍTULO 6

ALINEACIÓN CON UN DIOS ILIMITADO

La primera vez que vimos esta realidad fue en el capítulo 3.

¹ Del Señor es la tierra y todo cuanto hay en ella, el mundo y cuantos lo habitan;

Salmo 24:1 NVI

En este capítulo, veremos algo que puede parecer un poco extraño la primera vez que lo leas, así que lee la siguiente oración al menos un par de veces.

Hay un "algo único" que es <u>parte</u> de todo lo que pertenece a Dios.

Él lo llama Su diezmo, y quiere que sepas que es parte de "todo" lo que ya es Suyo.

³⁰ El diezmo de todo producto del campo, ya sea grano de los sembrados o fruto de los árboles, pertenece al Señor...

Levítico 27:30a NVI

Dios está señalando algo específicamente. Él está diciendo: "Yo sé que todo es Mío, pero quiero que sepas que hay una parte de lo que es "todo mío" que es "*mío de una manera diferente*". Yo lo llamo el diezmo".

Escuche Su siguiente frase.

> [30] *El diezmo de todo producto del campo, ya sea grano de los sembrados o fruto de los árboles, pertenece al Señor, pues le está consegrado*
> *Levítico 27:30 NVI (énfasis del autor)*

Dios está diciendo: "Hay una dimensión de la realidad unida a la parte santa que yo llamo Mi diezmo que no está unida a todo lo demás que también es Mío. Quiero que sepas lo que es. Esa parte es *sagrada para Mí*".

Fíjate en lo que Él nos dice que hagamos con Su diezmo:

> [19] *Traerás a la casa del Señor tu Dios los primeros frutos de tu tierra.*
> *Éxodo 23:19a RVC (énfasis del autor)*

¿Te diste cuenta de que Él dice "traerás" y no "darás"? ¿Por qué? *Porque no podemos "dar" lo que no es nuestro.*

Dios quiere que sepamos: "Yo soy el dueño de todo. Pero yo he adjuntado algo a *esa parte*, el diezmo, que es diferente. Hay algo unido a esa parte que nada más toca. Esa parte tiene una función única entre nosotros. Esa parte es santa, y quiero que la traigas a la Casa del Señor, tu Dios".

Así que las primicias, el diezmo, deben ser devueltas. Nosotros no "damos" el diezmo. Lo "traemos". Lo "devolvemos".

Fíjate en cómo Dios especifica lo que debemos hacer con los diferentes elementos que pone en nuestras manos.

Primero, Él dice:

> [9] *Honra al Señor con tus bienes (posesiones)...*
> *Proverbios 3:9a RVC*

Dios ya ha establecido que Él es "dueño" de todo, lo que significa que nosotros no lo somos. Por eso, cuando Dios usa la frase "tus posesiones (bienes)", se está refiriendo a las cosas que ha "puesto en nuestras manos, nuestro control o administración". Dios dice: "Hónrame con todo eso".

La pregunta, entonces, es: "¿Cómo honramos *al Señor con* **nuestras** *posesiones (bienes)*?"

* *

Vi un ejemplo perfecto de esto en una reunión en la que estuve recientemente. Nuestro equipo de liderazgo masculino estaba haciendo una sesión informativa después de uno de nuestros retiros anuales. Fue una reunión divertida porque el retiro fue absolutamente fantástico. Sucedió justo antes del Día de Acción de Gracias de ese año, lo que significó que ni siquiera tuvimos tiempo de reajustar nuestras vidas personales antes de que todos nos sumergiéramos de cabeza en la temporada navideña de fin de año. Todos estaban todavía bastante cansados de haber organizado el retiro.

Una de las cosas que teníamos que hacer en esa reunión era planificar los eventos del año siguiente. Todos pensámos que comenzar el año con un concurso de Campeonato de Tocino sería divertido. El líder del Ministerio de Hombres preguntó: "¿Quién estaría dispuesto a organizar el evento en su casa?"

Silencio…

De repente, todos estaban absortos en la ardua tarea de tomar notas muy detalladas. Permaneció incómodamente el silencio durante demasiado tiempo. Sin inmutarse, el líder de nuevo repitió simplemente: "¿Quién estaría dispuesto a organizar el evento en su casa?"

Más notas...

De nuevo, "¿Quién estaría dispuesto a organizar el evento en su casa?"

No pude soportarlo más y dije en voz alta con una voz de liderazgo demasiado fuerte: "¡Roger, está hablando de ti y de tu casa!"

Roger con una gran sonrisa dijo: "¡Absolutamente!" (casi como si todo fuera idea suya).

Las risas, y el alivio, invadieron la sala. Sorprendentemente, todos completaron sus anotaciones en ese mismo momento, simplemente emocionados de que Roger hubiera "ofrecido su casa voluntariamente".

La reunión volvió a ponerse en marcha como si nada hubiera pasado. Mientras los chicos estaban haciendo una lluvia de ideas sobre el mejor Campeonato de Tocino de todos los tiempos, me incliné hacia Roger, sentado a mi lado, y le dije: " Oye Roger. Ni siquiera consideré tu vida personal y el ritmo de tu hogar cuando dije eso. Puedo redirigir eso y arreglarlo por ti ahora mismo..."

Ni siquiera me dejó terminar de intentar liberarlo. Sin perder el ritmo, dijo: "*¡Pastor, esa es la casa de Dios. Él puede usarla en cualquier momento y para cualquier cosa que El necesite!*" Escuché el sonido del Reino de Dios resonando en su voz.

Más tarde me dijo: "*Cuando la gente nos felicita por la bonita y grande casa en la que vivimos ahora, me aseguro de decirles:*

'Es todo de Dios. Cuando comenzamos nuestra vida matrimonial juntos, el dinero era tan escaso que vivíamos en un pequeño apartamento de una sola habitación. Teníamos dos platos, dos tenedores y dos cucharas. No teníamos muebles y nuestra cama era una cobija en el suelo'".

Hay una razón obvia por la que las bendiciones del Señor fluyen tan claramente en la familia de Roger.

* *

Una vez más, Dios especifica lo que debemos hacer con los diferentes elementos que Él pone en nuestras manos.

Primero, Él dice:

> ⁹ *Honra al Señor con tus bienes (posesiones)...*
> *Proverbios 3:9a RVC*

A continuación, aclara el segundo tipo de elemento por lo que señala en el resto de ese versículo.

> ⁹ *Honra al Señor con tus bienes (posesiones) y con las*
> *primicias de tus cosechas (aumento).*
> *Proverbios 3:9 RVC (énfasis del autor)*

Fíjate en lo que no está incluido en "tus bienes (posesiones)" en virtud de haber sido mencionado específicamente en la última mitad de esa frase: *"Y con las primicias de tus cosechas (aumento)"*. Dios está diciendo: "Hónrame con todo lo que tienes bajo tu control. Recuerda, el hecho de que esté en tus manos no significa que seas el propietario. Todo me pertenece a Mí y quiero que Me honres con eso. También quiero que me honres con las primicias (Mi diezmo)".

Así que, en su manera de explicarlo: todo es todo suyo. *Pero hay ambos "todos tus bienes (posesiones)" y las "primicias" que tenemos en nuestras manos.* **Dos tipos de elementos diferentes.**

Honramos a Dios con "nuestros bienes (posesiones)" y "las primicias (Su diezmo)" haciendo lo que Él dice que hagamos con ellas.

Una vez más, ¿qué dice Él que hagamos con Su diezmo (las primicias)? Devuélvelo - tráelo a la casa del Señor (tu iglesia local).

¿Por qué Dios está tan enfocado en cómo administramos ese primer fruto de nuestro aumento? Entre otras cosas:

1. Es sagrado para Él.
2. La primera porción, el diezmo, es la porción redentora.
3. Los deseos de nuestro corazón "siguen" a donde elegimos dirigir nuestro tesoro.

> [21] *Porque donde esté tu Tesoro, allí estará también tu corazón*
>
> *Mateo 6:21 NVI (énfasis del autor)*

En el Antiguo Testamento de la Biblia de Dios, Él le dio a Su pueblo estas instrucciones. El primogénito de cada uno de sus ganado debía ser sacrificado si era designado como un animal "limpio". Si el animal era designado como un animal "inmundo", tenía que ser redimido por el sacrificio de un cordero limpio y sin mancha. Esas son las únicas dos opciones que Dios les dio: sacrificio o redención. En cualquier caso, el propietario estaba entregando el primero (o su sustituto redentor) a Dios.

En el Nuevo Testamento, Dios proporciona una apasionante ilustración de ese mismo principio a través de la vida de Jesús. Un día, Juan el Bautista estaba bautizando a personas en el río Jordán. Cuando reconoció que Jesús se había acercado para ser bautizado, Juan declaró: "¡He aquí! ¡El Cordero de Dios que quita el pecado del mundo!" (Juan 1:29). Juan, en su declaración inspirada, capturó perfectamente el papel que Jesús había venido a cumplir a la tierra. Jesús, el *Hijo primogénito de Dios*, estaba "limpio" (sin pecado y sin mancha en todos los sentidos).

De una manera que es paralela a la forma en que vemos a Dios obrando en el Antiguo Testamento, Jesús, el Cordero sin mancha, tuvo que ser sacrificado para redimirnos a todos los que nacimos "impuros" con una naturaleza pecaminosa en pleno funcionamiento. Cuando Jesús dio su vida como pago redentor por nuestros pecados, nos compró de nuevo (nos redimió) para Dios. De una manera profunda, Jesús fue el diezmo de Dios Padre.

Dios estaba demostrando un principio poderoso para nosotros. Es como si Él dijera: "Oigan, todos. Así es como funciona realmente la vida en Mi reino. Te di Mi primero (y único) para redimirte del pecado y de la muerte." Así es como se ve el amor verdadero.

> [8] *Pero Dios demuestra su amor por nosotros en esto: en que cuando todavía éramos pecadores, Cristo murió por nostoros.*
>
> *Romanos 5:8 NVI*

Es como si Dios dijera: "Yo di Mi primero (y único y mejor) por ti. Les digo esto para que entiendan que la primera parte, el diezmo, es sagrado para Mí (tiene una función única). Y no es porque sea gruñón. Estoy tratando de mostrarles algo que es importante entender acerca de cómo funciona Mi reino".

En realidad, Dios no necesita nuestro dinero. (Pavimenta calles del cielo con oro...) Es el "elemento tesoro" del dinero al que Él responde. Él nos proporciona dinero (que naturalmente atesoramos, pero no estamos obligados a amar). Luego hizo todo lo posible para mostrarnos que el "elemento tesoro" del dinero tiene una función significativa en la parte más profunda de lo que somos como personas: *nuestros deseos.*

> [21] *Porque <u>donde</u> esté tu Tesoro, <u>allí</u> estará también tu corazón*
>
> *Mateo 6:21 NVI (énfasis del autor)*

Nótese que el "elemento tesoro" del dinero nos proporciona una manera de "dirigir" <u>lo que de otro modo sería uncontrollable</u>: los "deseos" de nuestro corazón.

¿Por qué es tan importante? Porque Proverbios 4:23 dice específicamente que la experiencia de nuestra vida está determinada por la función de nuestro corazón.

> [23] *Por sobre todas las cosas cuida tu corazón, porque de él mana la vida.*
>
> *Proverbios 4:23 NVI*

Dios nos está diciendo: "Te di una manera de dirigir tu corazón porque quiero que sepas que tu corazón afecta todo lo que experimentas en la vida".

Dado que el diezmo de Dios es sagrado para Él y tiene una función única en la forma en que nos relacionamos con Él, ¿cómo identificamos *qué parte* de lo que llega a nuestras manos (el aumento) *es Su diezmo*?

Digamos que tuviste una venta de garaje o un cumpleaños y que al final tienes $100 en billetes de diez dólares que no tenías anteriormente. Has tenido un "aumento" de $100. Dios ve eso y reconoce que uno de esos billetes de diez dólares ya es suyo, y lo llama "los primeros frutos" (Su santo diezmo). Ya que ese es el que Él llama santo, ¿cual billete de diez dólares es el diezmo?

Muchas veces, tendemos a pensar: "Bueno, déjame pagar todas mis facturas, hacer toda mi recreación de fin de semana, ver todas las películas que quiero ver, y mis suscripciones que quiero pagar, y la ropa extra que necesito comprar y los restaurantes a los que quiero ir, y luego, al final de eso, Le daré a Dios lo que queda (si es que queda algo) o el 10% que acabo de ahorrar al final de hacer lo que quiero..."

Pero, ¿cómo podemos saber realmente *cual* 10% es realmente Su santo diezmo? *El primero que sale de tu mano es el "primero" de los primeros frutos* (como Él lo describe en Su Biblia).

Como tal, muchas personas *viven* del diezmo de Dios... Muchas personas *están conduciendo* el diezmo de Dios. Muchas personas se *comen* el diezmo de Dios. Ya te haces una idea...

Piensas: "Seguramente a Él no le importa".

Lo que Dios quiere que sepamos y entendamos es que Él es real y que los caminos de Su Reino realmente funcionan, todo el tiempo.

Nuestra ignorancia de cómo funcionan (o el rechazo o la rebelión a la forma en que funcionan) no impide que las leyes de Su Reino obren en nuestras vidas. Operan consistentemente de la manera en que Él los diseñó para que funcionaran, independientemente de lo que pensemos o elijamos hacer.

Es como si Dios dijera: "Por favor, entiende esto. Realmente quiero hacer más en ti, por ti y a través de ti de lo que jamás podrías imaginarte. Pero yo soy el único que puede ver la condición de tu corazón tal como es en realidad. Tú no sabes lo que hay ahí. Así que cuando pulse sobre algo y aparezca hierba que puedas reconocer, entonces tienes la oportunidad de decidir cómo responder a lo que te he iluminado".

Fíjate en lo que Dios señala en el versículo 10 del capítulo 3 de Proverbios.

⁹ Honra al Señor con tus riquezas y con los primeros frutos de tus cosechas. ¹⁰ <u>Así tus graneros se llenarán a reventar y tus bodegas rebosarán de vino nuevo</u>
Proverbios 3:9-10 NVI (énfasis del autor)

¿Qué es lo que Él nos dice? Cuando honramos al Señor con nuestras posesiones y con las primicias de todos nuestros aumentos. Él tiene el 100% de nuestros corazones. Por lo tanto, Él puede verter más recursos en nosotros, para nosotros y a través de nosotros de los que necesitamos, porque ya hemos demostrado que vivimos con la perspectiva: "Dios, todo esto es tuyo. No puedo ser destruido por lo que viertes en mi vida y a través de ella, porque soy un río, no un estanque. *Lo que viertes en mis manos en realidad se derramará "a través" de mí, bajo Tu dirección para Tus propósitos.*"

Recuerde cómo Jesús lo dijo en Mateo 6:19-20 NVI.
¹⁹ No acumulen para sí tesoros en la tierra, donde ni la polilla y el óxido destruyen, y donde los ladrones se meten

a robar. [20] *Más bien, acumulen para sí tesoros en el cielo, donde ni la polilla ni el óxido carcomen, ni los ladrones se meten a robar.*

He aquí una paráfrasis de ese pasaje:

"Quiero verter más en ti y a través de ti de lo que puedas imaginar. Pero *no almacenes en la tierra* lo que yo pongo en tus manos. *Cuando dejas que lo que derramo en tus manos* fluya a través de ti *y bajo Mi dirección y para Mis propósitos, de una manera que no puedes entender (todavía), en realidad estás acumulando tesoros para ti mismo en la eternidad.* "

En otras palabras, Dios nos está diciendo: "No acumulen cosas aquí en la Tierra. Para empezar, no te llenará. Crea más resistencia para que la administres. Si te aferras a estas, se convertiran en una distracción y en última instancia, te destruirá. Cuando yo lo vierta, deje que se derrame. Me aseguraré de que se satisfagan sus necesidades. *Me aseguraré de que tengas suficiente para satisfacer tus necesidades, pero no tus codicias (todos nuestros deseos)".*

Eso puede sonar un poco fuerte. Pero la mayoría de las veces, las elecciones de "estilo de vida" ("nuevo" esto, "nuevo" aquello, "último" lo otro...) son lo que ponen a prueba las finanzas de las personas.

* *

Nunca olvidaré la primera vez que escuché a un maestro de finanzas bíblicas decir: *"Si no puedes sobrevivir con el 90% de tus ingresos, tampoco lo harás con el 100%. Porque el problema no es la cantidad de los ingresos. Es la falta de someter tus deseos bajo la guía de Dios. Estás eligiendo comprar cosas a las que Él no diría que sí (o a las que no diría que sí todavía). Cuando eliges comprometerte con algo que Dios no te guió a hacer, Él tampoco está comprometido para sostenerlo".* ¡¡ Ay!! Eso me dolió tambien a mí un poco...

PREGUNTAS DE REFLEXIÓN

1. *Reflexiona sobre el concepto de que Dios llama a Su diezmo un "algo único" que es parte de todo lo que ya es Suyo. ¿De qué manera el reconocer la santidad del diezmo influye en tu comprensión de su significado en tu relación con Dios?*

2. *Explora la distinción entre "dar" y "traer" el diezmo, como se menciona en este capítulo. ¿Cómo afecta este cambio de lenguaje a su perspectiva del diezmo, y qué implicaciones prácticas tiene para su enfoque del diezmo?*

3. *Reflexiona sobre la idea de que el diezmo se describe como la porción redentora y es paralelo a los principios de sacrificio y redención que se ven en la Biblia. ¿De qué manera esta comprensión profundiza su aprecio por la importancia del diezmo en el contexto del amor de Dios y de nuestra redención por medio de Jesucristo?*

4. *Contempla el principio de "almacenar tesoros en el cielo" permitiendo que lo que Dios vierte en tu vida fluya a través de ti para Sus propósitos. ¿Cómo desafía esta perspectiva los puntos de vista culturales comunes sobre la acumulación de riqueza y posesiones?*

CAPÍTULO 7

¿VIVIR BAJO UNA MALDICIÓN?

En los capítulos anteriores, hemos visto cómo Dios diseñó una manera para que alineemos los deseos de nuestro corazón con Él y Su Reino al devolver la porción santa - Su diezmo - a Su casa como adoración. También hemos visto cómo algunas personas eligen hacer otras cosas con Su diezmo (ya sea por ignorancia o rechazando Su dirección). Así es como Dios describe los resultados de esa elección.

> [8] *¿Acaso roba el ser humano a Dios? ¡Ustedes me están robando! Y todavía preguntan: "¿En qué te robamos?".* *"En los diezmos y en las ofrendas.* [9] *Ustedes- la nación entera-, están bajo gran maldición, pues es a mí a quien están robando.*
>
> *Malaquías 3:8-9 NVI*

¿De qué le estaban robando? ¿Dinero? Desmontemos esto y veámoslo.

Dios dijo que le estaban robando en diezmos y ofrendas. Como resultado, vivían bajo una maldición. Muchas veces, el mensaje del diezmo se siente como si estuviera siendo apalancado sobre nosotros porque si no diezmamos, entonces Dios nos maldecirá. Eso no es lo que Dios está diciendo en absoluto.

Lo que Él dijo fue: "<u>Estás</u> bajo una maldición". Él NO dijo: "Te he maldecido". Él dice: "Estás viviendo bajo una maldición. Estás operando tu vida por los caminos y valores de un sistema o reino que no es el Mío. Como tal, no puedo bendecirte de la manera que yo quiero".

¿Por qué no? Porque en última instancia "consumirían" las bendiciones ilimitadas de Dios en sus propios deseos, *lo que los destruiría*.

Cuando no devolvemos Su diezmo y luego no hacemos lo que Él dice que hagamos con la ofrenda, básicamente estamos diciendo: "Dios, independientemente de lo que digas, no tienes mi corazón (confianza y compromiso)".

Entonces, ¿qué es lo que Él realmente está buscando? No es nuestro dinero, es nuestro corazón. Jesús, de nuevo, responde a esa pregunta en Mateo 6:21 NVI.

21 Porque donde esté tu Tesoro, allí estará también tu corazón

En gran parte, "nuestro corazón deseandole a Él " es lo que Él está buscando con toda esta expresión del diezmo.

Por lo tanto, Malaquías 3:8-9 describe el *problema* que Dios quiere que reconozcan. Luego esboza la *solución* en Malaquías 3:10 NVI.

10 Traigan íntegro el diezmo a la tesorería del Templo; así habrá alimento en mi casa. Pruébenme en esto-dice el Señor de los Ejércitos-, y vean si no abro las compuertas del cielo y derramo sobre ustedes bendición hasta que sobreabunde.

¡*Detente!* Antes de tirar la toalla y descartar toda esta idea como limitada a la Ley del Antiguo Testamento, piénsalo bien. La práctica del diezmo es mucho más antigua que la Ley del Antiguo Testamento.

La práctica del diezmo fue demostrada *mucho antes de* que Dios le diera la ley a su pueblo. Es una *función previa a la ley* de *una* respuesta del corazón de los seres humanos cuyos deseos eran en pos de Dios. El diezmo fue una respuesta instintiva. Y de hecho aparece por primera vez en la Biblia de Dios, en el primer libro. Génesis 4:3-5a RVA2015 dice:

> [3] *Aconteció después de un tiempo que Caín trajo, del fruto de la tierra, una ofrenda al Señor.* [4] *Abel también trajo una ofrenda de los primogénitos de sus ovejas, lo mejor de ellas. Y el Señor miró con agrado a Abel y su ofrenda,* [5] *pero no miró con agrado a Caín ni su ofrenda.*

El relato de Caín y su hermano, Abel, finalmente llega a su trágico final: Caín asesina a Abel. Pero en los versículos 3-5, vemos que Caín básicamente estaba haciendo Su cosecha haciendo lo que Él quería hacer, y después de un tiempo él decidió: "Bueno, yo también voy a llevarle algo a Dios".

Abel, sin embargo, en realidad reconoció: "Todo esto le pertenece a Dios, y le llevaré mis primicias y lo mejor a Él como adoración".

Dios también nos muestra el diezmo en Génesis a través de Abraham y Jacob, por lo que se registra como una práctica de adoración al principio del Antiguo Testamento. Se hace referencia a ella en la ley del Antiguo Testamento, pero no fue *iniciada* por la ley. El diezmo era parte de la conexión relacional y original de la humanidad con Dios.

En el Nuevo Testamento, nos encontramos con Jesús mientras corregía a algunos de los líderes religiosos (fariseos).

23 "¡Qué aflicción les espera, maestros de la ley religiosa y fariseos! ¡Hipócritas! Pues se cuidan de dar el diezmo sobre el más mínimo ingreso de sus jardines de hierbas, pero pasan por alto los aspectos más importantes de la ley: la justicia, la misericordia y la fe. Es cierto que deben diezmar, pero sin descuidar las cosas más importantes.

Mateo 23:23 NTV

Jesús les estaba diciendo: "Veo que traen el diezmo. Pero el diezmo no es lo más importante. Están presumiendo su diezmo y diciendo: 'Miren, hasta diezmo la menta y las hierbas que tengo en las manos'. Jesús dijo: "Tienes razón, lo entiendes y deberías estar haciendo eso. Pero *lo que estás dejando fuera* (la justicia, la misericordia y la fe) es en realidad más importante". Jesús básicamente estaba diciendo: "El diezmo es solo el comienzo. No es lo más importante".

Las personas que apelan a Jesús en el Nuevo Testamento *para dejar el diezmo en* realidad se están poniendo en un aprieto. Jesús tomó todo lo que es un imperativo moral o una aplicación difícil en el Antiguo Testamento y lo aumentó en el Nuevo Testamento.

Entonces, Dios dice en el Antiguo Testamento: "Ojo por ojo". En el Nuevo Testamento, "Ama a tu enemigo".

En el Antiguo Testamento, "No matarás". En el Nuevo Testamento, "No hables con dureza contra tu hermano".

En el Antiguo Testamento, "No cometerás adulterio". En el Nuevo Testamento, "Si codicias a una mujer, has cometido adulterio en tu corazón".

Esto es lo que está pasando. Básicamente, Dios **no está** diciendo: "Solo quiero que tu comportamiento sea correcto". Él está diciendo: "Quiero tu corazón, te quiero a ti, y así es como diseñé la vida en relación conmigo para que funcione".

Negarse a devolver el diezmo de Dios es una desconexión relacional que le roba algo a Él, que Él quiere hacer en, para y a través de nosotros.

Entonces, ¿cómo es vivir bajo una maldición? Tenemos una imagen perfecta de cómo se ve esa maldición en Hageo 1:5-6 NTV.

> [5] *Esto es lo que dice el Señor de los Ejércitos Celestiales : "¡Miren lo que les está pasando!* [6]*Han sembrado mucho pero cosechado poco; comen pero no quedan satisfechos; beben pero aún tienen sed; se abrigan pero todavía tienen frío. Sus salarios desaparecen, ¡como si los echaran en bolsillos llenos de agujeros!"*

Así es como se ve vivir bajo una maldición. Es como si estuviéramos siguiendo los movimientos de lo que debería funcionar, pero por razones que no son obvias, no está funcionando.

Es como si el aumento que llega a nuestras manos estuviera siendo devorado antes de que nos satisfaga

PREGUNTAS DE REFLEXIÓN

1. *Reflexiona sobre la idea de que vivir bajo una maldición, como se menciona en Malaquías, no es una maldición directa de Dios, sino más bien una consecuencia de alinearse con valores y sistemas que no están en alineados con Su Reino. ¿De qué manera este entendimiento cambia tu perspectiva sobre las bendiciones y las maldiciones?*

2. *Explora el concepto de que el diezmo no es solamente una obligación legalista, sino una respuesta del corazón, como lo demuestran ejemplos como Caín y Abel en Génesis. ¿Cómo cambia esta perspectiva la forma en que usted ve la práctica del diezmo?*

3. *Examina la descripción de vivir bajo una maldición en Hageo 1:5-6. ¿Cómo se relacionan estas imágenes con su entendimiento de los desafíos y la insatisfacción que pueden surgir cuando los recursos financieros no están alineados con el diseño de Dios, incluyendo la práctica del diezmo?*

CAPÍTULO 8

VIVIR BAJO LA BENDICIÓN ILIMITADA DE DIOS

¿Qué dice Dios que hay que hacer para no vivir bajo una maldición o para tapar los agujeros de vivir bajo una maldición? Dice en Malaquías 3:10 NVI:

> *10 Traigan íntegro el diezmo a la tesorería del Templo; así habrá alimento en mi casa. Pruébenme en esto-dice el Señor de los Ejércitos-, y vean si no abro las compuertas del cielo y derramo sobre ustedes bendición hasta que sobreabunde.*

Existe la posibilidad de que Malaquías 3:10 te resulte tan familiar que simplemente lo hayas pasado por alto y hayas pensado: "Sí, ya lo entiendo". ***Pero Dios en realidad nos está diciendo algo que realmente necesitamos saber -y hacer.***

Tal vez no te saltaste este versículo. Pero para el beneficio de aquellos que lo hicieron, releámoslo, esta vez con énfasis.

> *10 Traigan íntegro el diezmo a la tesorería del Templo; así habrá alimento en mi casa. Pruébenme en esto-dice el Señor de los Ejércitos-, y vean si no abro las compuertas del cielo y derramo sobre ustedes bendición hasta que sobreabunde.*
>
> *Malaquías 3:10 NVI*

Lo que Dios nos dice que hagamos **nosotros**:

- Trae el diezmo íntegro (santo) de Dios a la tesorería del Templo (tu iglesia local),

Lo que Dios nos dice que **Él** hará:

- Abrirá las compuertas del cielo...
- Derrama tanta bendición...

Esta bien, entonces Dios declaró que Él llevará a cabo dos funciones diferentes.

1. Primero está la apertura de las compuertas.
2. También hay una segunda función: el derramamiento de Su bendición.

** Nota: **El hecho de que las compuertas estén abiertas no significa que se esté vertiendo. Las compuertas pueden estar abiertas, *sin que se produzca ningún vertido*.**

Quiero señalar que, cuando Dios dijo en Malaquías 3:8: "¿Acaso roba el ser humano a Dios *¡Ustedes me están robando! Y todavía preguntan:* "¿En qué te robamos?". *"En los diezmos y en las ofrendas.*

Fíjense que Dios dijo que le estaban robando *los diezmos* **Y** *ofrendas.*

El **DIEZMO** es *la parte santa de Dios*. Él nos instruye a devolverle eso a Él a través de nuestra iglesia local.

Es **la ofrenda** es una *respuesta separada (y claramente diferente)* a la subsiguiente dirección de Dios.

Dios señala claramente que cuando nos negamos a colaborar y participar con Él, devolviéndole Su diezmo y en *la entrega de ofrendas como Él nos indica, le robamos algo que Él quiere hacer en nosotros, para nosotros y a través de nosotros.*

Quiero animarlos a ver que **devolver Su diezmo** es lo que le permite a Dios ***abrir las compuertas***.

Es **la ofrenda** la que facilita *Su derramamiento*.

Ahora leamos eso de nuevo en la Nueva Traducción Viviente y notemos cuidadosamente lo que Dios dijo que derramaría:

> [10] *Traigan todos los diezmos al depósito del templo, para que haya suficiente comida en mi casa. Si lo hacen- dice el Señor de los Ejércitos Celestiales-, les abriré las ventanas de los cielos. ¡Derramaré una bendición tan grande que no tendrán suficiente espacio para guardarla (almacenable)! ¡Inténtenlo! ¡Pónganme a prueba!*
>
> *Malaquías 3:10 NTV (énfasis del autor)*

Una vez más. "... una bendición tan grande que no tendrán suficiente espacio para guardarla (almacenarla)..." ¿Qué? Para *almacenarla*

Dios está diciendo: "La bendición que quiero derramar es **LA BENDICIÓN INALMACENABLE".**

A Dios no le gusta acumular riquezas por el simple hecho de "tenerlas". Sin embargo, deja claro en su Biblia que dirige a su pueblo a administrar las riquezas en diversos grados para lograr sus propósitos (ver ejemplos en las parábolas que Jesús usó en Mateo 25:14-30 y Lucas 19:11-27 para enseñar este principio).

Puesto que Él quiere que Su pueblo administre las riquezas como parte de Su proceso de formación en sus vidas, Él también tiene un proceso de proveerla para que la usen. Aquí hay dos (de varias) maneras diferentes en que Dios mueve la bendición de las riquezas en la vida de Su pueblo.

1. **Dios le da a su pueblo la *capacidad de producir riquezas*.**

   ¹⁸ Recuerda al Señor tu Dios, porque es él quien te da el poder para producir esa riqueza; así ha confirmado hoy su pacto que bajo juramento hizo con tus antepasados.
   Deuteronomio 8:18 NVI

2. **Hay riquezas *almacenadas* para el uso de su pueblo para lograr sus propósitos**

   ...Pero lo que posee el pecador está guardado (almacenado) para los justos.
   Proverbios 13:22b RVA2015

Estas dos vías son la *"producción" de nueva riquezas* y la *"transferencia" de la riquezas acumulada.*

A través de cualquiera de las dos formas, o de una combinación de ambas, **Dios tiene el poder de derramar** *bendiciones inalmacenables* **(riquezas ilimitadas) en las vidas de Su pueblo.**

En resumen:

- **Primero: Devolverle el santo diezmo de Dios a traves de la tesorería del Templo (tu iglesia local) *le permite a Él "abrir las compuertas" del cielo sobre nuestras vidas.***
  - ○ Nota: Recuerde que Jesús dijo en Mateo 6:21, "Los deseos de nuestro corazón siguen a nuestro tesoro" y que Dios nos dice en Hebreos 7:8 que, "Cuando

devolvemos su santo diezmo aquí en la tierra, él lo recibe en el cielo".

○ Con eso en mente, otra forma de imaginar eso es decir que devolverle el santo diezmo de Dios a Él a través de Su Templo (nuestra iglesia local) efectivamente pone los "deseos de nuestro corazón" en "Sus manos".

○ Con el poder de nuestros deseos firmemente puestos en las manos de Dios, Él puede abrir las compuertas (barreras protectoras) del cielo que anteriormente nos protegían de ser inundados con Sus infinitas bendiciones.

○ ¿Por qué nos "protegería" de esa escala de Sus bendiciones?

○ *Antes* de que los deseos de nuestros corazones estuvieran por Él (y en Sus manos), nos habrían llevado a consumir cada bendición que llegó a nuestras vidas por nuestros propios deseos egoístas, destruyendo finalmente nuestras vidas.

• **Entonces: Dar ofrendas como Dios nos dirige, le da a Él la capacidad de derramar la *"bendición inalmacenable"*** (más sobre esta bendición más adelante en el libro).

Por lo tanto, Malaquías 3:10 termina con la frase: *"derramaré una bendición tan grande que no tendrán suficiente espacio para* **guardarla (almacenarla)** *"*.

A continuación, Dios describe Su intervención divina en respuesta a su obediencia con la devolución de Su diezmo y la entrega de ofrendas.

¹¹ Reprenderé al devorador para que no arruine sus cultivos y las vides en los campos no pierdan su fruto-dice el Señor de los Ejércitos.

Malaquías 3:11 NVI

Finalmente, Dios destaca el resultado final de este proceso (vivirán en una tierra maravillosa). El contraste entre el pueblo de Dios y otras tierras será tan sustancial que la gente se verá obligada a reconocer a Dios y Su favor divino en sus vidas (todas las naciones los llamarán dichosos).

¹² Entonces todas las naciones los llamarán dichosos, porque ustedes tendrán una tierra maravillosa-dice el Señor de los Ejércitos.

Malaquías 3:12 NVI

Ese pasaje de las Escrituras nos da una idea de por qué Dios quiere este elemento en nuestras vidas tan intencionalmente. Hay algo que sucede cuando las personas colaboran con Dios de la manera en que Él las dirige. Hacerlo le da a Él la abilidad de crear algo obvio *a través de la obediencia que demuestra quién es Él*. "Las naciones los llamarán dichosos". ¿Por qué nos llamarán dichosos? Porque la evidencia de la bendición de Dios abruma nuestra realidad.

Parte de discipular a las naciones es fluir en las bendiciones sobrenaturales de Dios que hacen que la gente mire lo que está sucediendo y diga: "Eres bendecido". En otras palabras, "Quiero lo que tú tienes. ¿Cómo lo consigo?" Y tu contestas: "Pues, permíteme presentarte al quien me bendice".

Aquí hay una dimensión más de lo que está sucediendo cuando devolvemos el diezmo de Dios al Templo (nuestra iglesia local).

Hebreos 7:8 es uno de los versículos más perspicaces de las Escrituras. *Es un paralelo a algo que Jesús ilustró cuando estaba explicando otro principio sobre cómo funciona Su Reino* en Mateo 25:34-40 NTV:

> [34] *Entonces el Rey dirá a los que estén a su derecha: "Vengan, ustedes, que son benditos de mi Padre, hereden el reino preparado para ustedes desde la creación del mundo.* [35] *Pues* **tuve** *hambre, y* **me** *alimentaron.* **Tuve** *sed, y* **me** *dieron de beber.* **Fui** *extranjero, y* **me** *invitaron a su hogar.* [36] **Estuve** *desnudo, y* **me** *dieron ropa.* **Estuve** *enfermo, y* **me** *cuidaron.* **Estuve** *en prisión, y* **me** *visitaron".*

> [37] *Entonces esas personas justas responderán: "Señor, ¿en qué momento te vimos con hambre y te alimentamos, o con sed y te dimos algo de beber,* [38] *o te vimos como extranjero y te brindamos hospitalidad, o te vimos desnudo y te dimos ropa,* [39] *o te vimos enfermos o en prisión, y te visitamos?".*
> [40] *Y el Rey dirá: "Les digo la verdad,* <u>*cuando hicieron alguna de estas cosas al más insignificante de estos, mis Hermanos, ¡me lo hicieron a* **mí***!".* (énfasis del autor)

Básicamente está diciendo: "Hay cosas que haces que *no son solo para la persona a la que se las estás haciendo. De una manera que no entiendes,* **en realidad me estás haciendo eso a Mí al mismo tiempo***."

Tal vez te preguntes cómo se relaciona esto con devolver el diezmo de Dios y dar ofrendas como Él lo indique de lo que está "en nuestras manos". A continuación te explicamos cómo.

En Hebreos, Dios nos muestra una imagen clara de lo que está sucediendo <u>allí en el cielo</u> cuando devolvemos Su diezmo <u>aquí en la tierra</u>.

[8] Aquí hombres que mueren reciben los diezmos, mientras que allí los recibe aquel acerca de quien se ha dado testimonio de que vive.

Hebreos 7:8 RVA2015

¿Qué dice?

Cuando le devolvemos el diezmo de Dios en nuestra iglesia local, los humanos lo "administrarán". Un humano lo va a contar. Un humano lo va a poner en el banco. Un humano va a introducir esa contribución en el sistema de recogida de datos, etc. Dios está diciendo: "Allí en la tierra, los seres humanos recibieron Mi diezmo. Pero no pienses que de eso se trata. *No necesito ese tesoro. <u>Les di esa directiva para darles una manera de dirigir los deseos de su corazón hacia Mí. De una manera que ustedes no ven, yo realmente recibo ese diezmo en el Cielo.</u>* **Pero lo que en realidad estás haciendo es poner tu corazón en Mis manos".**

En última instancia, todo se reduce a dónde está nuestro corazón, y queremos que nuestro corazón esté en Sus manos. Por lo tanto, con gozo tomamos el diezmo y lo devolvemos al almacén (nuestra iglesia local) aquí en la tierra, *lo que se traduce en que Él lo recibe en el cielo.* Las personas que "entienden esto" se dan cuenta de que devolver el diezmo de Dios, como Él describe en Su Biblia, no es simplemente "pagar un impuesto religioso". En cambio, viven la realidad de atesorar a Dios y a Su Reino más que a cualquier otra cosa en esta tierra.

PREGUNTAS DE REFLEXIÓN

1. *Reflexiona sobre el concepto de que devolver el diezmo permite a Dios abrir las compuertas, mientras que dar ofrendas facilita el derramamiento de bendiciones que no se pueden almacenar (las bendiciones inalmacenables). ¿Cómo puede aplicar esta entendimiento en su propia administración financiera?*

2. *Explora la idea de que el acto de devolver el diezmo de Dios no es solo una transacción financiera práctica en la tierra, sino que tiene una dimensión espiritual significativa en el cielo. ¿Cómo influye esta perspectiva en su motivación para diezmar?*

3. *Considere el impacto más amplio de vivir bajo la bendición de Dios, como se describe en Malaquías 3:11-12. ¿De qué manera la obediencia al devolver el diezmo y dar ofrendas contribuye a una vida que atrae a otras personas a reconocer el favor y la bendición de Dios?*

CAPÍTULO 9

LA DIFERENCIA ENTRE SEMILLAS Y PAN

Dios define cómo Él "mide la cosecha (aumento) en nuestras vidas" y "los propósitos que Él logra a través de nuestra generosidad" en un proceso descrito en 2 Corintios 9:6-8 NVI.

⁶ Recuerden esto: El que siembra escasamente, escasamente cosechará, y el que siembra en abundancia, en abundancia cosechará.

- La proporción de cosecha está ligada a la proporción de siembra.
- A continuación, veremos que sembrar se identifica como dar.

⁷ Cada uno debe dar según lo que haya decidido en su corazón, no de mala gana ni por obligación, porque Dios ama al que da con alegría.

- Dios está diciendo: "Quiero que *decidas en tu corazón* dar *lo que yo te guíe a dar*. Nunca quiero que des porque alguien te haga sentir manipulado o culpable de dar".

- ¿Por qué? Porque dar a regañadientes u obligados es dar algo a lo que estás apegado. Es como regalar algo que era tuyo e importante para ti. Eso no es dar alegremente.
- Dar alegremente es cuando damos *sin sentir pérdida*.

8 Y Dios puede hacer que toda gracia abunde para ustedes, de manera que siempre, en toda circunstancia, tengan todo lo necesario y toda buena obra abunde en ustedes.

- Dios puede. Tendemos a pensar: "Por supuesto que Él puede. Él es Dios, Él puede hacer *cualquier cosa*".

Cuando recordamos la visión que Dios nos muestra en Hageo 1:6 (comer pero no saciarse, beber pero aún tener sed, el salario del trabajo desaparece...) nos damos cuenta *de que hay límites a lo que Él está dispuesto a hacer, pero el límite no está de Su parte*. (Esos límites son en realidad amor de su parte). *El límite está de nuestra parte*.

Recuerde 2 Crónicas 16:9a NVI:

9 El Señor recorre con su mirada toda la tierra y está listo para ayudar a quienes le son fieles.

En otras palabras, Dios está buscando a alguien que esté dispuesto a decir "sí" a cualquier cosa que Él ponga en sus manos.

¿Por qué? **Porque eso es lo que le da a Él la abilidad de verter recursos ilimitados, inalmacenables, a través de sus vidas de manera constructiva.**

Fíjate en los dos tipos diferentes de recursos que Dios provee en 2 Corintios 9:10-15 NVI.

> [10] *El que le suple semilla al que siembra también le suplirá pan para que coma, aumentará los cultivos y hará que ustedes produzcan una abundante cosecha de justicia.*

- *La semilla para el sembrador* no es **lo mismo** que *el pan para la comida*.
- El pan para alimentos se refiere al pan procesado y listo para comer (soluciones) para satisfacer las necesidades inmediatas.
- Dios tiene la intención de que "comamos" (consumamos) lo que Él suministra como "pan por alimento" (recursos para lo que necesitamos operar).
- **Pero Él provee "semilla" para un propósito diferente: *Sembrar (dar).***
- Sembrar (dar) generosamente como Dios guía, le da la abilidad de traer una cosecha aún más grande a nuestra mayordomía.
- Si nos "comemos" la "semilla", no "obtendremos la cosecha". Dios quiere suplir a través de nuestra siembra. No "obtendremos una cosecha" de la semilla que nos comemos.

Fíjate en la *intención de Dios en* el aumento de la cosecha en nuestras vidas:

> [11] *Ustedes serán enriquecidos en todo sentido para que en toda ocasión puedan ser generosos, y para que por medio de nosotros la generosidad de ustedes resulte en acciones de gracias a Dios.*

- Todo el proceso da como resultado que Dios obtenga la gloria.
- Fíjate en los múltiples usos que se logran por nuestra colaboración con Dios al dar generosamente:

[12] Esta ayuda, que es un servicio sagrado, no solo suple las necesidades de los creyentes, sino que también redunda en abundantes acciones de gracias a Dios.

- La "semilla" que sembramos se convierte en el "suministro" para las necesidades de los demás Y;
- Hace que la gente dé gracias a Dios por "Su provisión".

[13] En efecto, al recibir esta demostración de servicio, ellos alabarán a Dios por la obediencia con que ustedes acompañan la confesión del evangelio de Cristo y por su generosa solidaridad con ellos y con todos.

- Seguir el liderazgo de Dios en dar generosamente es evidencia de nuestro crecimiento personal Y;
- Se convierte parte de nuestro "compartir el Evangelio de Cristo".

[14] Además, en las oraciones de ellos por ustedes, expresarán el afecto que les tienen por la sobreabundante gracia que ustedes han recibido de Dios

- La obediencia en esta función inspira a las personas a orar y pensar bien de nosotros, debido a la clara obra de Dios a través de nosotros.

 15 ¡Gracias a Dios por su don indescriptible!
2 Corintios 8:10-15 NVI

La gran mayoría de las veces, cuando Dios quiere satisfacer una necesidad, lo hace proporcionando una semilla para que alguien más la siembre, que se convierte en una cosecha que satisface esa necesidad y proporciona semillas adicionales para ser sembradas en la próxima cosecha.

La semilla es lo único que tiene potencial para aumentar o multiplicarse. Una vez que es pan, está muerto.

PREGUNTAS DE REFLEXIÓN

1. ¿De qué manera el principio de sembrar y cosechar, tal como se describe en 2 Corintios 9:6-8, influye en tu entendimiento de la generosidad y la abundancia de bendiciones en tu vida?

2. *Reflexione sobre la distinción entre "pan para comer" y "semilla para el sembrador". ¿Cómo puedes asegurarte de que estás usando apropiadamente los recursos provistos por Dios para las necesidades inmediatas y para sembrar generosamente?*

3. *Considere los múltiples propósitos y resultados de las donaciones generosas que se describen en 2 Corintios 9:11-15.* ¿Cómo contribuye su generosidad no solo a satisfacer las necesidades inmediatas, sino también a compartir el Evangelio e inspirar gratitud y alabanza a Dios?

4. ¿Cómo puede afectar el concepto de que "la semilla es lo único con el potencial de aumentar o multiplicarse" *tu perspectiva sobre los recursos en tu vida? ¿Cómo podría influir ese entendimiento en sus decisiones al usar y dar lo que Dios provee?*

CAPÍTULO 10

CÓMO RECIBIR LA BENDICIÓN INALMACENABLE

¡Aja te agarre! Definitivamente lo hiciste : viste el título del capítulo en la Tabla de contenido y pasaste <u>directamente</u> a este capítulo. Hazte un favor que te cambiará la vida. DETENTE AQUÍ, vuelve a la Introducción (o incluso al Prólogo) y empieza desde el principio. ¿Por qué? Hay casi un 100% de posibilidades de que <u>te pierdas por completo</u> los niveles de conocimientos sobre el desarrollo que realmente dan vida a este capítulo. En serio, vuelve atrás y toma el viaje revelador a través de este breve libro. Antes de que te des cuenta, estarás de vuelta aquí, pero esta vez preparado.

No, en serio, me agradecerás el empujón...

* *

¿Te imaginas llegar a un punto en tu relación con Dios en el que Él te confíe recursos inimaginables, inalmacenables, para que los administres en Su nombre? Dios puede imaginarte allí. ¿Por qué? ¡Porque fuiste hecho para eso!

Resumamos este proceso en seis pasos simples (pero tal vez no inicialmente fáciles).

SEIS PASOS QUE LIBERAN A DIOS PARA DERRAMAR SUS BENDICIONES INALMACENABLES EN NUESTRAS VIDAS:

1. **Recordaremos que todo le pertenece a Dios (Salmo 24:1). Ninguna "cosa" o "nada" sino Dios puede llenarnos o colmarnos verdaderamente.**

   Ninguna cosa tangible o material puede hacer eso. Ningún estatus puede hacerlo. Ninguna experiencia puede hacerlo. Dios es el único que verdaderamente puede colmarnos de verdad. Él es dueño de todo (y pone parte de ello en nuestras manos para que lo administremos en Su nombre).

2. **Decidimos vivir y funcionar en Su reino.**

   ¿Cómo? Lo primero que hay que hacer es recordar que Él es dueño de todo, *pero una porción de lo que ya es Suyo, también dice que es santo.* Él lo llama Su diezmo. Él dice: "Devuélvelo a mi Templo (tu iglesia local)" (Malaquías 3:10)

   Así que aunque no entendemos cómo funciona todo, devolvemos el primer 10% de todo nuestro aumento "a" Dios "a través" de nuestra iglesia local (Hebreos 7:8 RVA2015)

   Algunas personas preguntan: "¿Tengo que diezmar sobre el bruto o sobre el neto?" Generamos el bruto, así que debemos devolver a Dios la parte del bruto que generamos.

3. **En oracion, establecemos (y operamos) con un presupuesto que tiene margen para la generosidad (lo que nos impide consumir todo lo que llega a nuestras manos).**

Aquí es donde la mayoría de la gente no capta lo más importante que hay que entender. Aquí es donde nuestro entendimiento empieza a cambiar

Trabajamos con la guía de Dios para desarrollar un presupuesto anual y mensual funcional que realmente cubra nuestras necesidades esenciales (incluyendo el diezmo, los ahorros- a corto y largo plazo, la vivienda, el transporte, las cosas adicionales relacionadas con el estilo de vida, Y EL MARGEN PARA LA GENEROSIDAD.)

* **Si primero devolvemos el diezmo de Dios, *y luego gastamos todo lo demás*, todavía tenemos un problema.**

¿Qué problema? *No hay margen para la generosidad*. Cuando devolvemos Su 10% y luego gastamos el otro 90% en "lo que queremos", no queda "semilla para sembrar".

Dios está buscando personas para mover cantidades masivas de recursos "a través de ellos". Pero muchas personas sienten que ya han "hecho su parte" y que "Dios debería estar lo suficientemente contento" con su diezmo. Apenas les queda "lo suficiente para conseguir lo que **quieren**" después de eso...

Ahí está de nuevo: ¡TU DESEADOR!

La única manera de evitar que nuestro deseador consuma totalmente nuestras vidas es ponerle un límite real. (Recuerde, no hay forma de "satisfacerlo" de todos modos...) Si no ponemos un límite externo a nuestro deseador, nos comeremos todo lo que caiga en nuestras manos, *incluyendo la semilla*. ¿Por qué? Porque se parece a todo lo demás que llegó a nuestras manos para satisfacer nuestras necesidades (y "nuestro deseador también tiene necesidades...").

La mejor manera de determinar eso con Dios de antemano, es orár de esta manera: "Dios, este año, ¿cuánto presupuesto para las diferentes categorías de mi vida?" Y Él te responderá: "Devuélveme mi diezmo primero. Luego *designa un X% para esta categoría, designa un X% para esa categoría, designa un X% para esta categoría y designa un X% para la generosidad, etc.*"

Ese presupuesto debe cubrir nuestras necesidades. Debe reflejar la sabiduría de Dios sobre los ahorros. Y aún debe tener margen para permitirnos dar con alegría como Dios lo indique.

Es posible que estés pensando: "Ok. Está bien. Este es un pensamiento sólido, *pero nada realmente perspicaz todavía*. Prepárate. *El siguiente paso es lo que puede abrir un nivel completamente nuevo de posibilidades para colaborar con Dios.*

4. **Separamos todo lo que entra por encima de ese presupuesto como lo que Dios proveyó y como "semilla para sembrar".**

En este punto, una reacción común es: "¡De ninguna manera! Acabo de recibir un aumento". O: "¡Yo no podría hacer eso! He estado esperando mucho tiempo para conseguir..."

La mentalidad que hace posible este paso es la de "la verdadera sumisión con contentamiento". Recuerde cómo Dios enmarca esta realidad en 1 Timoteo 6.

[6] *Ahora bien, la verdadera sumisión a Dios es una gran riqueza en sí misma cuando uno está*

contento con lo que tiene. ⁷ Después de todo, no trajimos nada cuando vinimos a este mundo ni tampoco podremos llevarnos nada cuando lo dejemos. ⁸ Así que, si tenemos suficiente alimento y ropa, estemos contentos. ⁹ Pero los que viven con la ambición de hacerse ricos caen en tentación y quedan atrapados por muchos deseos necios y dañinos que los hunden en la ruina y la destrucción. ¹⁰ Pues el amor al dinero es la raíz de toda clase de mal; y algunas personas, en su intenso deseo por el dinero, se han desviado de la fe verdadera y se han causado muchas heridas dolorosas.

1 Timoteo 6:6-10 NTV

En otras palabras, ya que Dios nos hace saber que no se logra una gran ganancia al obtener más cosas buenas, somos libres de dejar que Él nos guíe con un presupuesto para cada año que proporcione todo lo que realmente necesitamos. Ese presupuesto cubriría la devolución de Su diezmo, la satisfacción de las necesidades de nuestro hogar, los ahorros (a corto y largo plazo) y un margen para dar alegremente las ofrendas y la generosidad.

Entonces, cuando los recursos imprevistos entren en nuestra mayordomía, son obvios para nosotros, lo que nos libera para dejar que fluyan "a través de nosotros" hacia donde Dios nos guíe a darlos.

La sabiduría de Dios acerca de los ahorros es real. Es el acaparamiento lo que no es sabio. Así que presupuestamos para Su diezmo, para ahorros, para nuestras necesidades, para la generosidad y luego lo que venga por encima de eso, lo apartamos para dar donde Dios nos guíe. ¿Por qué? **Porque esa es nuestra manera de decir: "Dios, este es el recipiente del que no comeré. Echa todo lo que quieras en él y yo lo llevaré a la necesidad".**

Esto no funcionará sin un presupuesto. ¿Por qué? Porque un presupuesto es en realidad una visión. Habacuc 2 es donde Dios nos dice que escribamos la visión y la hagamos clara para que podamos ejecutar la visión.

Una vez que tenemos un presupuesto (visión) que nos cubre para el año, entonces estamos listos. Y podemos responder libremente con una ganancia inesperada de un millón de dólares que aparece porque falleció un tío perdido que tenía una mina de oro en alguna parte. Cuando eso suceda, seríamos capaces de decir: *"Bueno, ese millón de dólares es mucho más grande que lo que Dios elaboró conmigo para el presupuesto de este año. Así que eso debe significar que Dios realmente quiere mover esos fondos a través de mí. Está bien, Dios, Tú puedes mover ese millón a través de mí de esa manera. ¿A dónde quieres que lo dé?"*

Tal vez tu pensamiento sería: *"¿Estás bromeando conmigo en este momento?"* *Si es así, es por eso que aún no has experimentado esto.*

Una vez que sometemos nuestros "deseos no sometidos" bajo la visión de Dios, Él es libre de derramar "Bendiciones Inalmacenables" en y a través de nuestras vidas.

5. **Sembramos (damos) toda la semilla del paso 4 como Dios nos indica.**

   Todo lo que entra en ese recipiente "por encima", es "semilla para sembrar", lo damos a medida que Dios nos muestra dónde lo quiere.

6. **Repetimos el mismo proceso de visión (presupuesto) con Dios cada año (y prepárate para ver más y más semilla llegar a nuestras manos para sembrar en Su nombre).**

   En otras palabras, una vez que pasamos un año de esta manera, Dios dice: "¡Genial, he encontrado un siervo a través del cual puedo mover dinero!" Entonces nosotros le respondemos: "Dios, hablemos del próximo año". Y Él dice: "Quiero que presupuesten cien mil dólares *más* en tu presupuesto anual para la visión de tu casa, porque sé que puedo hacer más a través de tí. Así que crea un presupuesto de visión más grande para el próximo año. Asegúrate de que tenga margen para la generosidad, los ahorros, las necesidades del hogar como las que te estoy mostrando, y luego dame el recipiente 'por encima de todo' y pondré más semilla en ese que puedas sembrar donde yo te muestre".

Tal vez dentro de dos o tres años de colaborar con Dios de esta manera, podamos encontrarnos en la misma posición que R. G. Letourneau. Desde sus humildes comienzos, se elevó -en "asociación con Dios"- a una riqueza extraordinaria y, en última instancia, vivió con el 10% y regaló el 90% de sus ganancias (véase el artículo más abajo).

* *

"Era un hombre amable, un hombre que muchos decían que tenía una regla de cálculo en una mano y una Biblia en la otra. Era un hombre común, un hombre autodidacta que llegó a la cima del negocio del movimiento de tierras. Su negocio, y su vida, se guiaban por un principio, que estaba feliz de contar a todos los escritores que alguna vez hicieron una historia sobre él. "Dios dirige mi negocio", decía, con una gran sonrisa en su rostro amistoso.

- *A lo largo de su vida, R.G. LeTourneau recibió más de 300 patentes por sus innovaciones en equipos de movimiento de tierras, procesos de fabricación y máquinas herramienta.*

- *LeTourneau suministró entre el 50 y el 70 por ciento de todo el equipo de movimiento de tierras utilizado por los Aliados durante la Segunda Guerra Mundial.*

- *LeTourneau fue pionero en el desarrollo de casas prefabricadas soldadas con acero, principalmente para brindarles viviendas para sus empleados. Más de 20 se construyeron cerca de la planta en Peoria (USA), mientras que otras iban y venían por el río Illinois hasta sus ubicaciones.*

- *LeTourneau también desarrolló la primera plataforma portátil de perforación en alta mar a mediados de la década de 1950.*

A lo largo de su vida se le conoció como "el hombre de negocios de Dios". En un abrir y cerrar de ojos, citaba el libro de Mateo 6:33 RVR1960: "Mas buscad primeramente el reino de Dios y su justicia, y todas estas cosas os serán añadidas". Eso es lo que R.G. era realmente. Nacido en Vermont, Virginia, el 30 de noviembre de 1888, acumularía más de 300 patentes en el transcurso de su.

vida.

En 1911, era socio de un taller de reparación de automóviles, y pronto se convirtió en un mecánico experto, con un conocimiento total del motor de combustión. Se casó con Evelyn Peterson en 1917 y juntos criaron a tres niños y una niña.

En 1920 compró un tractor Holt usado y comenzó un negocio de nivelación de tierras. A finales de 1921, tenía su propio taller mecánico donde diseñaba y construía diferentes tipos de raspadores y motores eléctricos. Poco después, formó la Compañía R.G. LeTourneau que le traería fama y riquezas más allá incluso de sus sueños imaginativos.

Su compañía estuvo involucrada en proyectos masivos como la presa Hoover y numerosos contratos de construcción de carreteras que lo mantuvieron ocupado hasta 1933. Incapaz de dedicar suficiente tiempo a su invenciónes y sueños de fabricar sus propias máquinas, vendió el negocio. Corría el año 1935, cuando R.G. llegó a Peoria con la idea de construir su fábrica y seguir adelante con su sueño. A partir de ese día, el resto es historia, como le gusta decir a la gente, y la mayoría de sus sueños se hicieron realidad aquí mismo.

*Así que para R.G., todo comenzó en un pequeño edificio de ladrillo en el lado norte de Peoria, Illinois. Su mente inventiva y su ética trabajadora lo llevarían por todo el mundo, amasando una fortuna a medida que avanzaba. En 1953, vendió el negocio de Peoria a Westinghouse Air Brake Company (WABCO) por 25 millones de dólares. **Los biógrafos de R.G. LeTourneau están de acuerdo en que <u>donó el 90 por ciento de su fortuna a organizaciones benéficas y cristianas</u>.***

https://www.peoriamagazine.com/archive/ibi_article/2011/RG-Letourneau/

PREGUNTAS DE REFLEXIÓN

1. ¿Cómo influye el concepto de reconocer que todo pertenece a Dios, incluidos nuestros recursos, en su perspectiva sobre el mayordomió *y la generosidad?*

2. ¿Cómo aborda actualmente la elaboración de presupuestos y de qué manera puede integrar una mentalidad de generosidad y margen para dar *en su planificación financiera?*

3. ¿Qué desafíos prevé al reservar recursos por encima de su presupuesto como "semilla para sembrar", y cómo puede cultivar una mentalidad de satisfacción para permitir este paso?

4. *Reflexiona sobre la idea de colaborar con Dios en la planificación financiera. ¿Cómo podría la incorporación de la guía de Dios en su presupuesto crear una visión que permita tanto una mayordomía sabia y las ofrendas gozosas?*

CONCLUSIÓN

Gracias por tomarte el tiempo de leer este libro. Mi oración para ti es que Dios haya abierto tu pensamiento a una forma de administrar las finanzas de una manera que le permita a *Él* verter, por órdenes de magnitud, **más recursos en y a través de tu "sí" de lo que puedas imaginarte** (Efesios 3:20).

- **Él está buscando gente así** (2 Crón. 16:9) - **Y,**
- **Fuiste hecho para Sus propósitos sobrenaturales** (Efesios 2:10).

Creo que Dios hará por ti lo mismo que ha hecho por nosotros: toma el proceso descrito en este libro y *convierte tu sí en esta área de dar en una alineación con Él y Su Reino que te libera de los patrones de pensamiento limitantes y transforme la forma en que las finanzas funcionan en tu vida*.

Te invito a que pongas en práctica los seis pasos prácticos descritos en el capítulo 10 y a estar preparado para que Dios expanda tu territorio de manera profunda.

Nos encanta escuchar historias de personas que han experimentado esta bendición en sus vidas. Nos encantaría escuchar tu historia también. Por favor, siéntase libre de compartir su historia, inspírese con historias como la suya y haga sinergia con otras personas cuyas vidas son un camino para la Bendición Inalmacenable de Dios. Puede conectarse con recursos adicionales y una comunidad de donantes a través de este sitio web: *theunstorableblessing.com*

Que la presencia, el poder y la bendición inconmensurables de Dios te inunden en tu viaje.

David Wright

Proverbios 4:23 NVI

Malaquías 3:8-9 NVI

SOBRE EL AUTOR

Desde 1989, David Wright ha estado felizmente casado con su increíble esposa, Cheré. Juntos, se enorgullecen de ser padres de dos hijas, Lacie y Tori, así como de su yerno James y dos preciosas nietas, Emma y Nova. En 2006, juntos iniciaron y lideran la Iglesia Life Link en el sureste del Valle de Phoenix (lifelinkchurch.com). David, un maestro talentoso, se dedica a capacitar a las personas para llevar vidas significativas e impactantes, sacando fuerzas del profundo poder de la Palabra de Dios y su Espíritu.

theunstorableblessing.com

Made in the USA
Las Vegas, NV
13 July 2024

92259265R00059